Nuestra cocina | **Navarra**

Navarra

Con los platos de:
Pilar Idoate • Enrique Martínez
Nicolás Ramírez • Koldo Rodero • David Yarnoz

Nuestra cocina

NUESTRA COCINA - **Navarra**

Idea original
Jaume Fàbregas

Dirección editorial
Juan Manuel Bellver

Coordinación de la colección
Mamen Lorenzo

Textos
Miguel Sen

Asesoramiento gastronómico
Xavier Agulló
Jorge Osés Labadie
Carlos Pérez Gómez

Maridaje vinos/platos (٭)
Juancho Asenjo
Luis García de la Navarra

Realización
Esther Buira
Anna Cobos
Lola Hernández
R. de Nola
Meritxell Piqué
Raquel Puente
Carlos Raventós
Anna Tutosaus
Montse Urbano

Fotografía
Joan Jolis, S.L.

Edita
Ciro Ediciones, S.A.

Maquetación
New Color Book, S.L.

Diseño de cubierta
WEP Milano

Preimpresión
Digitalscreen

Impresión
Cayfosa Quebecor

Agradecimiento
www.goormet.com por la selección
y búsqueda de restaurantes

ISBN 84-96418-00-6 (obra completa)
ISBN 84-96418-11-1 (volumen XIII - Navarra)
Depósito legal: M-50354-2004

© de las recetas tradicionales: Ideas Concretas, S.L.
© de las recetas de autor: Ideas Concretas, S.L.
© de las fotografías introducción: Cover, Stock Photos
(٭) La elección y comentario de los vinos que acompañan a las recetas son obra de Juancho Asenjo y Luis García de la Navarra

Sumario

Para abrir boca 8

Nuestra cocina: Navarra 10
Entrantes y primeros 20
Segundos 64
Postres y dulces 102

Cocina de autor 126
Pilar Idoate 128
Enrique Martínez 136
Nicolás Ramírez 144
Koldo Rodero 158
David Yarnoz 164

La despensa 170

Los vinos 174

Restaurantes 178

Glosario 183

Índice de recetas 187

Para abrir boca
Con conciencia propia

Un país, un pueblo con conciencia propia, siempre dispone de una cocina identificativa. Cuando en el año 850 Iñigo Arista, el primer rey navarro, otorgó a sus súbditos numerosos derechos que fueron afianzándose con el paso del tiempo, seguro que no les concedió un recetario, pero sí una manera sutil de identificar el paisaje de Navarra y de llevarlo a su cocina. Ha sido una implicación del pueblo con sus cazuelas que ha hecho de estas tierras una referencia inapelable cuando se trata de comer bien. Además, Navarra ha tenido el potencial amplificador de una fiesta, de una gran fiesta, como es la de San Fermín.
Es cierto que Ernest Hemingway ha sido uno de sus mejores difusores. Por eso cabe recordar la referencia que en su novela *Fiesta* da de este acontecimiento: "Lo que me despertó fue la explosión del cohete que anunciaba que los toros eran soltados desde los corrales situados en las afueras de la ciudad, para que corrieran por determinadas calles hasta llegar a la plaza de toros". Luego, dicen los que lo conocieron, se adentraba en el mundo de la chistorra y el vino rosado y brillante.
Al resto de ciudadanos de este mundo con juicio gastronómico les despierta no el chupinazo, sino el recuerdo de todo lo bueno que se puede comer en una tierra que ha sabido cuidar como pocas su despensa. Durante muchos siglos los cocineros de la cercana Francia siguieron el norte de los recetarios navarros. Pa-

ralelamente, y gracias a la encrucijada de caminos que surcan estas tierras, la manera de cocinar de este pueblo se extendió por toda la península, amparándose en la materia prima impecable.

A los que somos navarros por la afición a la buena cocina nos seduce la calidad de sus magníficos espárragos o sus piquillos que una generación de cocineros y cocineras llenos de sabiduría ha sabido enriquecer hasta el punto de hacerlos indispensables cuando se sueña con una barra bien provista, presidida por pinchos sabrosos y tapas minimalistas. Es una huella visual y olfativa que se prolonga con los chorizos o las más novedosas, dentro del recetario, carnes del pato, una majestad alada que hace temblar en su trono al gorrín. En conjunto son sueños de *gourmet* que piensa cocinar a la navarra, beber vinos de esta tierra, probar quesos del Roncal y animar las tristezas que siempre nos arañan, por más buenos *gourmets* que seamos, con unas copas de pacharán. Eliminaremos así una nostalgia que tiene toda la humanidad sensible a compartir los placeres de la mesa, cuando hace tiempo que no se visitan estas tierras y se recuerda que en un mes de julio podremos resarcirnos de los malévolos efectos de la soledad, para encontrar sosiego cultural y gastronómico en esta comunidad.

Miguel Sen

Nuestra cocina: Navarra

Por Miguel Sen

Cuando se escribe de estepas o se recuerda la imagen de altas montañas, se nos sugiere, de inmediato, grandes extensiones de terreno, horas interminables de viaje en coche, cruzando un medio oeste novelesco, cinematográfico y mil veces referenciado. La sorpresa surge cuando estos contrastes pueden encontrarse en un territorio que los geógrafos han delimitado en 157 kilómetros de longitud, exactamente los que separan las tierras del Ebro, las de la Ribera, de las cumbres pirenaicas.

Como a cada paisaje corresponde un clima que lo determina, en Navarra vamos a encontrar una paleta paisajista compleja, al extremo de diferenciar en la montaña navarra un mínimo de dos zonas. Una de ellas, la pirenaica oriental, tiene como distintivo para el gran público el bosque mágico de Irati y los valles de Isaba y Roncal, este último representado en el paladar gustativo de todos los peninsulares por sus espléndidos quesos, una gloria que tiene, como complemento espiritual, el paisaje de canción de gesta de Roncesvalles. Como corresponde al clima definido por inviernos crudos y húmedos, los pastos de estas tierras propician una notable riqueza en carnes. Precisamente por la dureza del invierno, los pastores han practicado la trashumancia, bajando de las montañas al llano en busca de pastos.

Este camino antiguo ha significado un intercambio de materias primas importante, que se ha reflejado en la cocina, llevando influencias del Mediterráneo al Atlántico y viceversa, siguiendo un camino que estudian los cocinólogos.

Truchas y arroyos

Los arroyos que buscan el Bidasoa son, dentro de una concepción poética de la existencia, los conductores del espíritu del bosque de

Navarra hacia el mar. En el espejo del río viven las truchas más famosas, aquellas que una vez cocinadas se apellidan "a la navarra", y sobre ellas vuelan las bandas de palomas que ya han cruzado Las Landas francesas, adquiriendo también señas de identidad bajo el nombre de Echalar. Como los ríos son la caligrafía de los paisajes verdes, en todas estas tierras tendremos ocasión de ver las terneras mejor criadas, aquellas que han hecho del Baztán y, por supuesto, de toda la D.O. Navarra, sinónimo de carne de calidad, al extremo que, cuando en España la carne era pecado y los bistecs suelas de zapato fritas en aceite de coche –la definición cruel es de Wenceslao Fernández Flórez–, comer en Navarra significaba

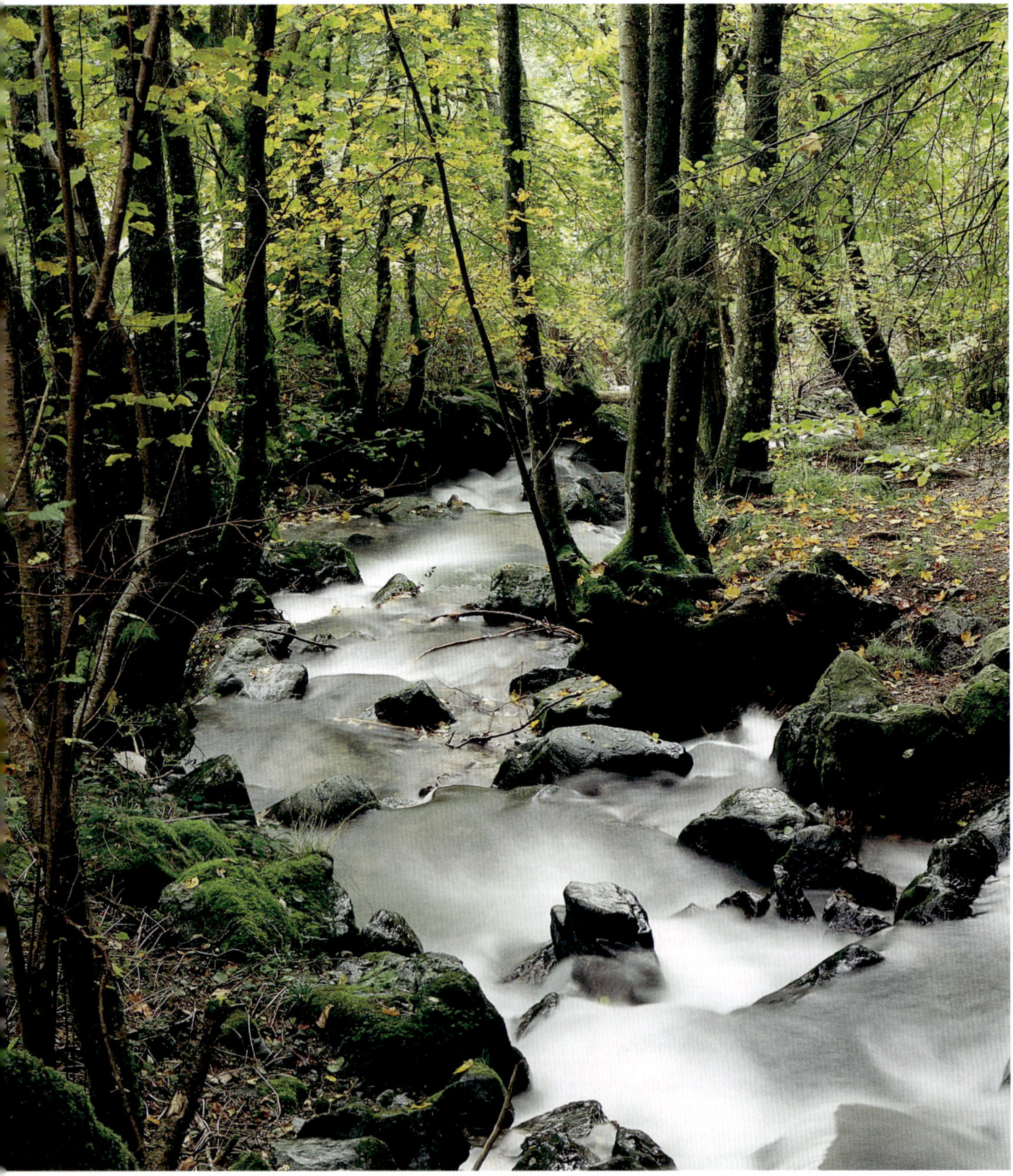

enfrentarse a la ternera jugosa para recuperar el gusto europeo por las proteínas rojas de la mejor calidad.

Como la imagen del chuletón seguro que nos ha despertado el apetito, es imprescindible dar fe de otros platos con el pedigrí de la mejor materia prima, por lo que vamos a tener que recuperar el contacto visual-geográfico, esta vez con la Navarra media, donde la huerta, las alubias o calbotes, o las pochas de Sangüesa, son platos representativos de la comunidad en muchos restaurantes navarros que se crearon en España a partir de 1950, fruto de la conjunción de buenas materias primas y agencias de transporte. La carne de su majestad el cerdo nos obliga a recordar la frase del inmortal Charles Lamb, referida a carne tan tierna: "Llamar grasa a esta dulzura...". Un plato que tiene carta de presentación en Estella y que distinguiremos por el dorado de la piel del gorrín, con un toque de barniz oscuro que recuerda las maderas de los instrumentos de cuerda de las grandes orquestas. Es un paisaje culinario propicio a la alegría, al brindis con los buenos vinos navarros, blancos afrutados, tintos de novedosa elaboración y los rosados gloriosos, en memoria de aquellas copas reales que se sirvieron en el castillo de Olite, o en otra corte guerrera, la de Estella, tan bien descrita por Valle-Inclán en sus mejores novelas, aquellas que hablan de cruzados de la causa, del marqués de Bradomín o del joven Cara de Plata.

Nada novelescas, sino totalmente reales, las huertas de la Ribera navarra son la mejor muestra de lo que puede dar de sí el trinomio regadío-suelo-agricultor hábil. Es la patria chica de numerosas D.O. que nos devuelven el recuerdo de los productos con apellido, indisoluble de la tierra que los ha generado, ya sean los pimientos de Lodosa, piquillos reconocidos en todas las cocinas cultas de la cristiandad mediterránea, o los espárragos que asociamos a Navarra, y en especial a Mendavia. Recorrer las tierras de Arguedas, Tudela, Peralta y Marcilla, nos propiciará descubrir que no todos los vegetales son iguales. Siguiendo antiguas tradiciones de origen francés, de la Gascuña, en Navarra triunfa el pato en todas sus dimensiones y en conservas como el *confit*. Las sabrosas mollejas, o el *foie gras*, han alcanzado un nivel importante, tanto por el volumen de producción como por su calidad.

Recetarios de siempre
Sobre tan rica oferta gastronómica se ha escrito mucho y con notable acierto. A nivel culinario los recetarios de la señora Alfaro han conocido un éxito notable y justificado. Asimismo merece una lectura atenta el compendio de fórmulas culinarias navarras que recogió José Castillo en 1983. Coincidiendo en un momento en el que en todos los pueblos de España se buscaban los más antiguos recetarios, Castillo emprendió una auténtica cruzada, anotando todo aquello que atesoraban, en su memoria culinaria, las abuelas, desde Euskadi a Navarra. En este capítulo es difícil destacar cuáles son las recetas más interesantes, porque en el recetario aparece la fórmula ancestral del "talo", la harina de maíz que ha dado vida a los campesinos de la Navarra húmeda y fría, en contraposición con sabrosas manitas de cerdo en salsa, según María Lavilla, que en aquel entonces, a sus 85 años, aún las cocinaba en su Buñuel natal, o las *tripotxas*, de Feliciana Celay, platos que no pueden dejar en el olvido los recetarios de la patata, pues según la tradición esta solanácea se introdujo en Galicia y Navarra. En esta última alcanzó

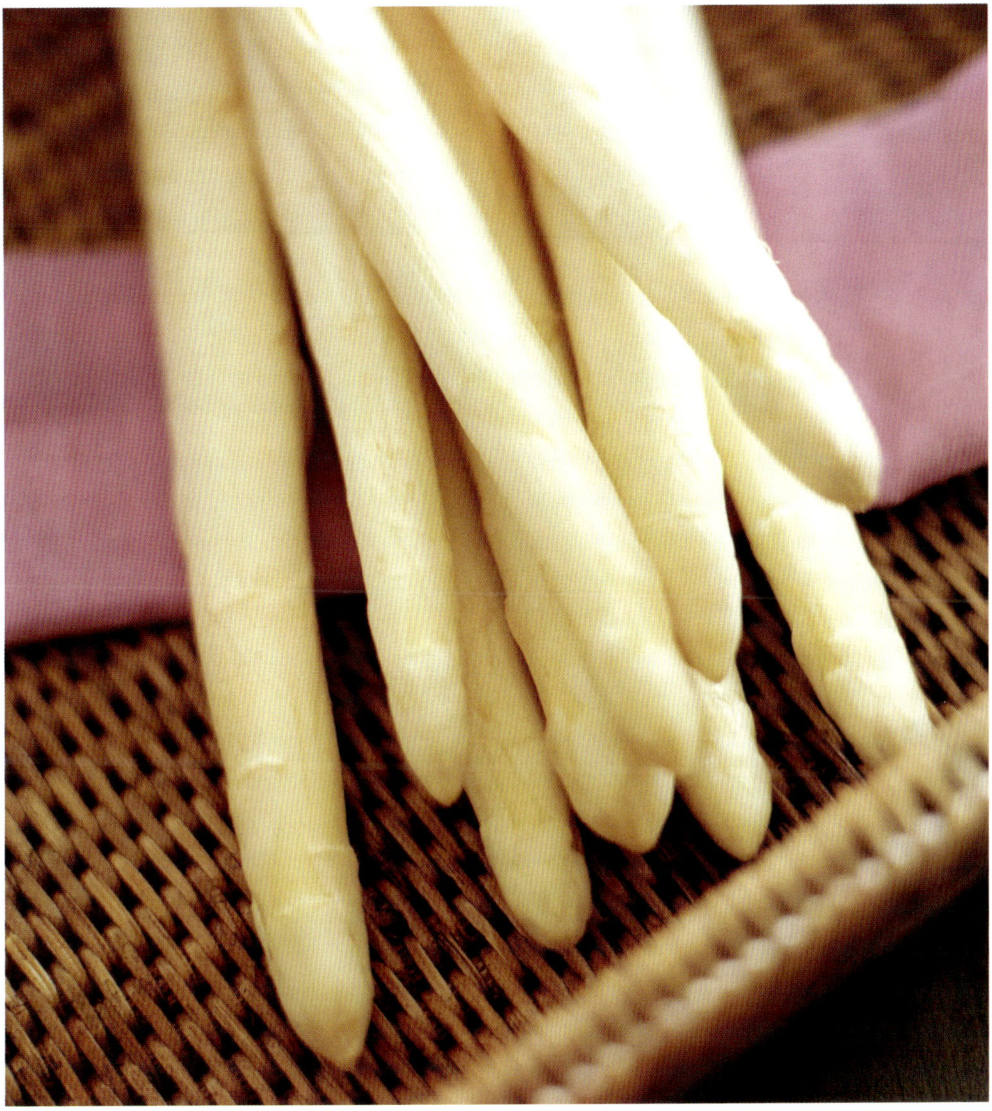

dimensión de gran plato la tortilla de patatas, fórmula que todos los pueblos quieren dar por suya, pero que probablemente fue preparada por primera vez, de manera pública, en esta comunidad para agasajar al general Zumalacárregui, lo que le da dimensión de estreno mundial. Así lo dejó escrito con detalle y pasión Xavier Domingo, apoyándose en la aseveración tácita y algo socarrona de Néstor Luján y Manuel Llano Gorostiza, fieles propagadores de las virtudes de las menestras, las patatas panadera o los chilindrones que se comparten con la gastronomía aragonesa, porque, por suerte, en la cocina las fronteras nunca son rígidas, como sucede en las definidas por la geografía política. Todos los escritores gastronómicos han dejado constancia de la bondad del bacalao ajoarriero, que este cronista gustaba compartir con el futbolista navarro Unzúe. Estas formulaciones, más Roncal, espárrago, piquillos, rosados y, por qué no, pacharán, se han convertido en una alineación de buen sabor navarro capaz de ganar el más estricto torneo gastronómico. Si esta feliz construcción de la tortilla de patata (Ferran Adrià, padre de la deconstrucción culinaria, dice que el autor que inventó la tortilla es el mejor cocinero de la historia) es de difícil datación, la realidad de la cocina navarra antigua ha sido estudiada con detenimiento, sobre todo en los años que van del 1411 al 1425. Está perfectamente documentada en un libro de agradable lectura. Se trata de *La mesa del rey: cocina y régimen alimentario en la corte de Carlos III el Noble de Navarra*. Su autor, Fernando Serrano Larráyoz, nos descubre con precisión los usos y costumbres de una cocina que ya comienza a ser sofisticada, con su diversa cuchillería y sus varios utensilios. El autor señala el orden interno, la economía o el uso del aceite, un tema sobre el que conviene meditar, pues lleva uno de los ejes de la dieta mediterránea hacia confines lejanos al Mare Nostrum. En el texto citado, se da fe de despensas a rebosar y de días de penuria, mostrando una imagen impecable de cuáles son los orígenes de la cocina navarra, rica en sabores contrapuestos, sobre la que abuelas, amas de casa y restauradoras con mando en plaza han ejercido un notable magisterio. Gracias en buena parte a esta tradición culinaria femenina, Navarra ha alcanzado el alto nivel de la cocina actual, un sustrato propicio a la

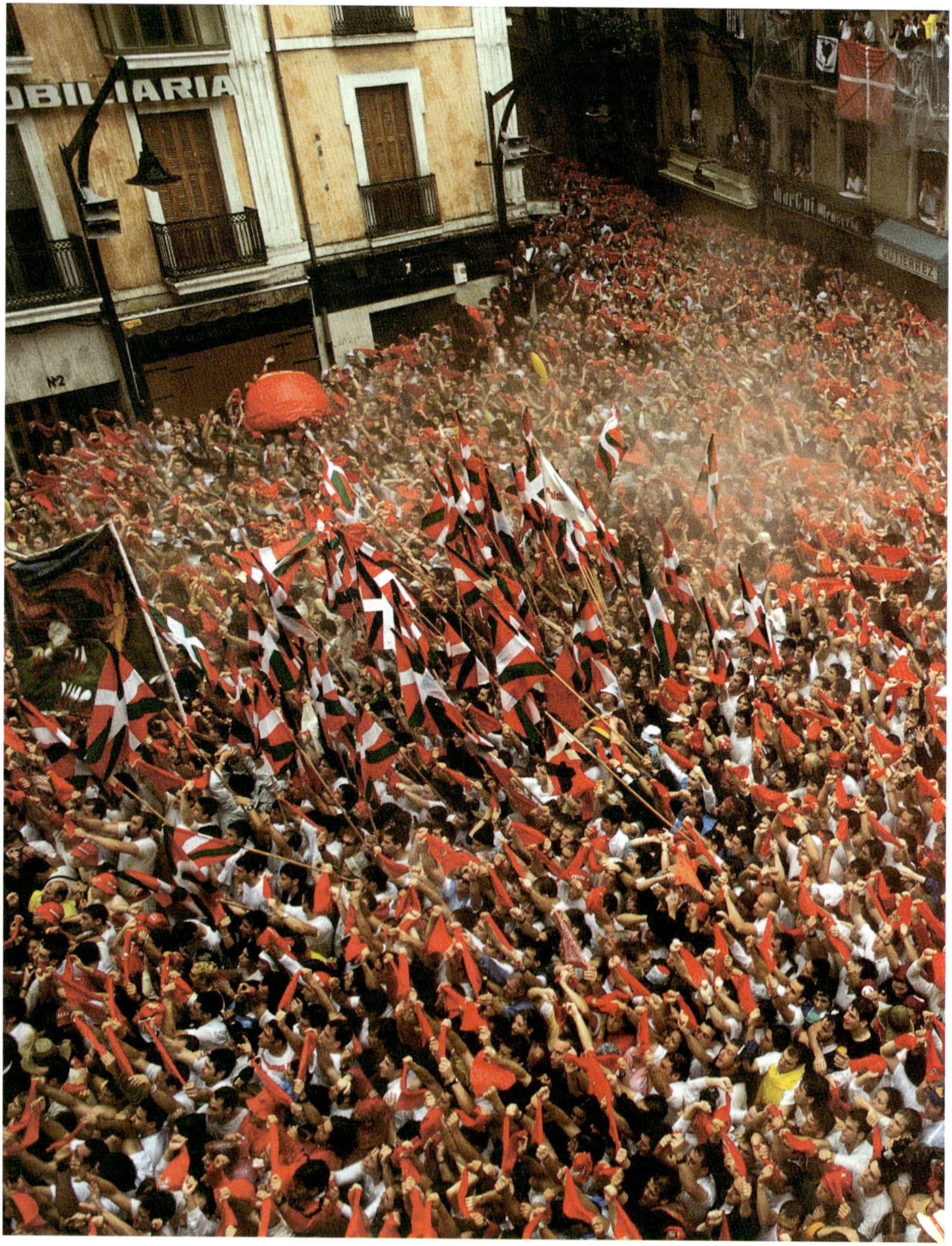
OBILIARIA

técnica depurada de los nuevos cocineros, que han llevado a la restauración navarra a ostentar numerosos soles y estrellas, es decir, a los más altos niveles de las guías gastronómicas. Recuerdo de antiguos sabores, materias primas impecables e imaginación, han sido el material gustativo con el que los *chefs* del siglo XXI han dibujado un nuevo mapa culinario que el lector encontrará en las páginas que siguen.

Pasado, presente y futuro
Como representantes de los más altos valores gastronómicos de la nueva cocina que se vive y respira en Navarra hemos seleccionado a jóvenes talentos culinarios, que lo son y que lo fueron, que siguen los pasos de sus ancestros, reformándolos, pero sin perder un ápice de su esencia. Ése es el caso de Enrique Martínez, que ha seguido fielmente en el restaurante Maher la magistral trayectoria de su abuela Sabina Chivite, una de las mejores cocineras de su época. También le ocurre lo mismo a Nicolás Ramírez, del restaurante Túbal, que ha sabido seguir con acierto los pasos que dieron sus abuelos a mitad de siglo creando un negocio y un universo propio alrededor de la gastronomía. La familia marca, apoya y forma, y eso se percibe especialmente en Navarra. Los hermanos Idoate también supieron continuar el camino que sus tías emprendieron con el restaurante Europa. Actualmente el cariño y la imaginación con la que dirigen este agradable negocio familiar les ha valido el garante de una estrella Michelin. Igual que Koldo Rodero, que empezó a las órdenes de Jesús Rodero, su padre, y luego voló en solitario, trayendo al nido familiar otra de las codiciadas estrellas Michelin.

Daniel Yarnoz comienza en solitario, sin embargo, una tradición en el restaurante El Molino de Urdániz y quién sabe si el amor y el acierto con que crea cada plato y el éxito que ya le envuelve seguirá amparando a algún familiar en el futuro. Como vemos, el pasado, el presente y el futuro se unen en los pucheros navarros para que todos disfrutemos.

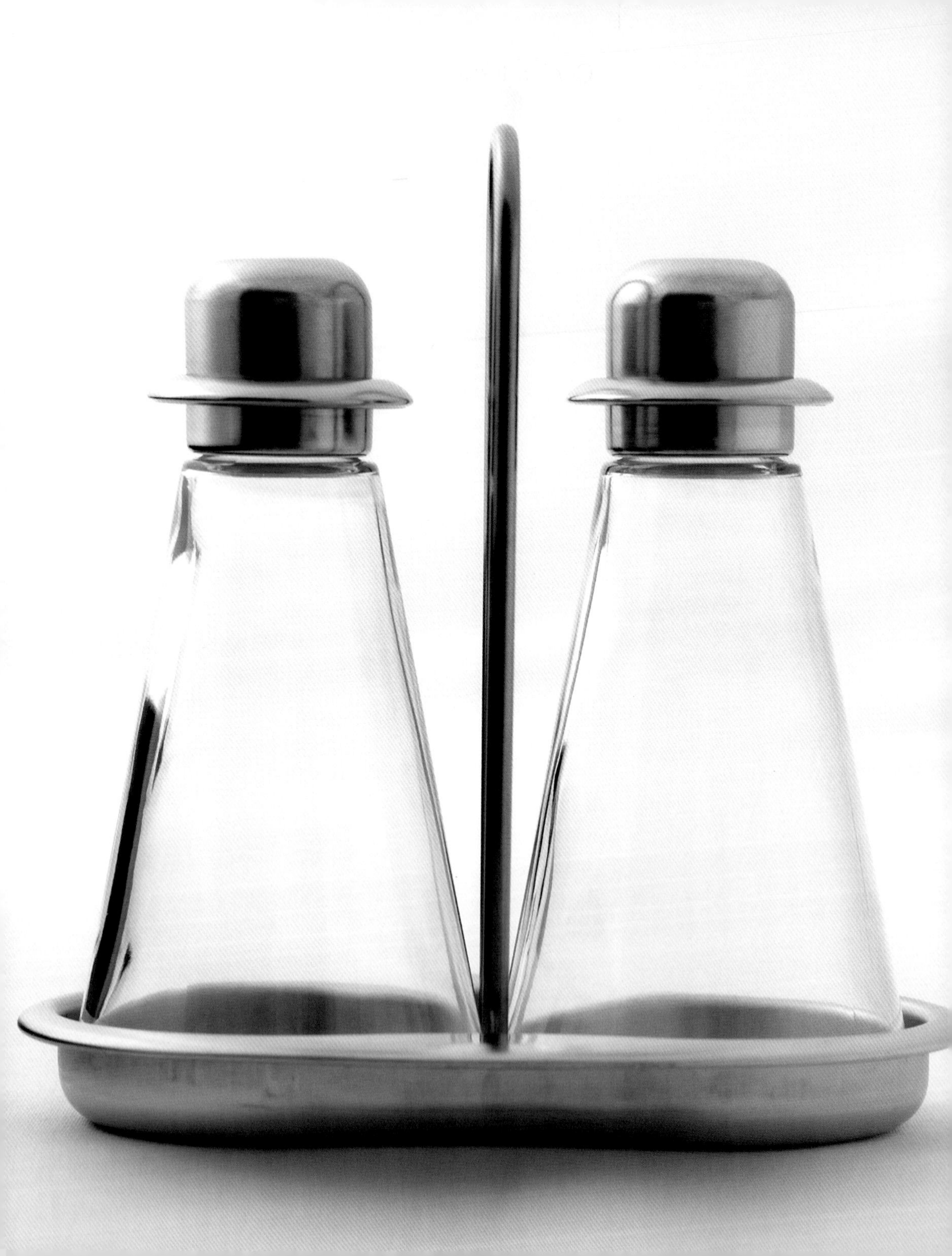

Cocina tradicional

Entrantes y primeros

Dificultad: baja
Preparación: 15 minutos
Cocción: 30 minutos (según la cocción de cada verdura)

Menestra de verduras

Ingredientes para 4 personas
1/2 kg de pencas de acelgas
2 puerros
2 zanahorias
8 alcachofas
2 patatas
250 g de judías
2 cebollas
4 ajos
150 g de jamón
2 cucharadas de harina
1 limón
Sal
Agua
1 taza de aceite de oliva

El vino
Acompañar de un vino tinto sin barrica con D.O. Navarra, de la variedad garnacha, o de un vino blanco fermentado en barrica con D.O. Ca. Priorat, elaborado con garnacha blanca y pedro ximénez.

Se retiran las hojas duras de las alcachofas. Una vez limpias, se ponen en un cazo con agua y limón y se cuecen hasta que estén tiernas.

Se limpian y se cortan las acelgas, los puerros, las zanahorias, las patatas y las judías. Se cuecen cada una por separado, con agua y sal, para poder ajustar los tiempos de cocción.

En una cazuela con aceite se doran la cebolla y los ajos, picados finamente. Se añade el jamón cortado en tiras y se deja que se rehogue. Se espolvorea entonces con harina y se le da unas vueltas con la cuchara para que se cocine.

Se riega con el agua de la cocción de las acelgas y se incorporan las verduras, empezando por las más duras. Se deja que se rehoguen, se rectifica de sal y se ponen en la fuente de servicio.

> Se pueden variar las verduras según la estación; por ejemplo, si es época de espárragos, se puede añadir un manojo. Con esta receta combinan muy bien los huevos duros.

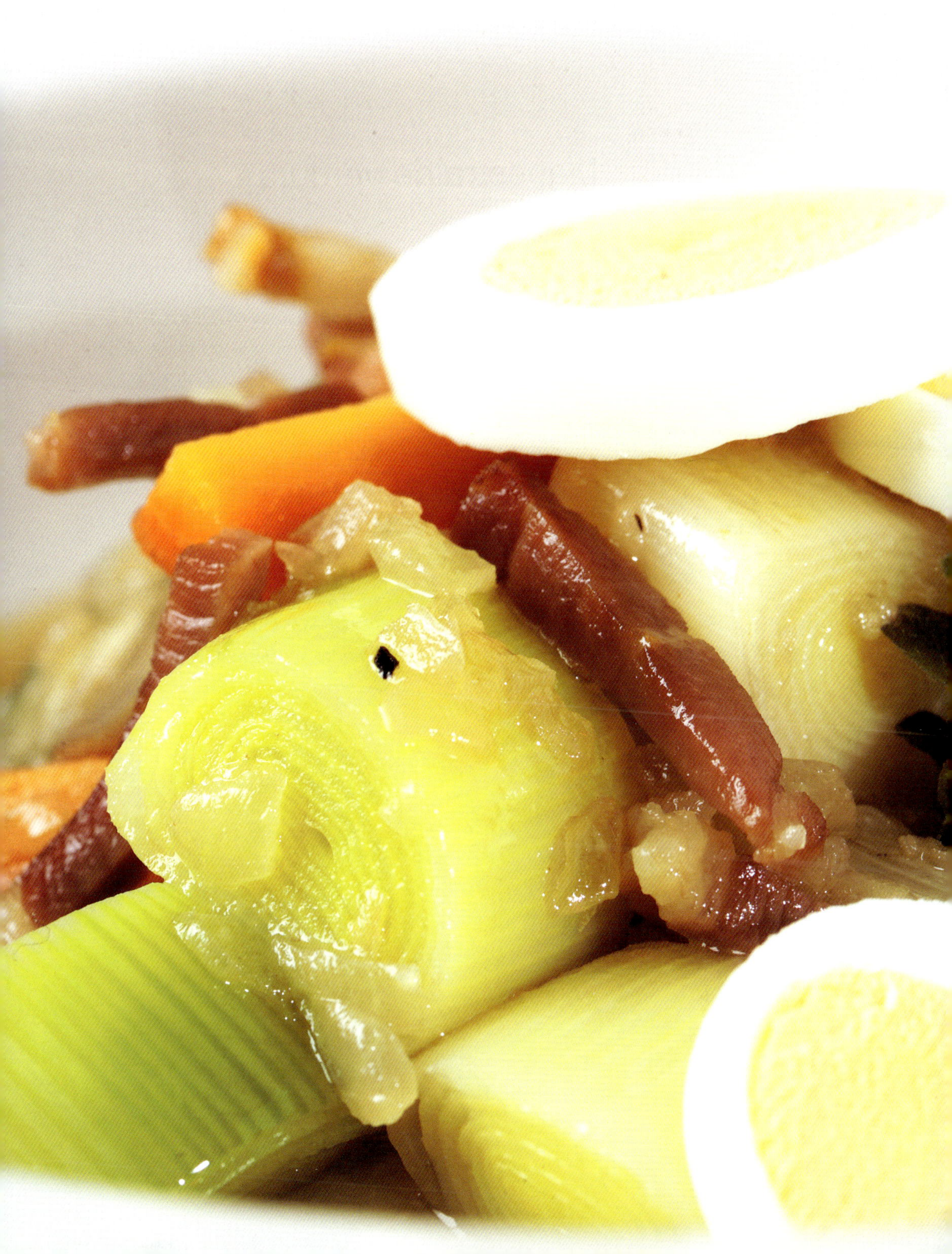

Dificultad: media
Preparación: 15 minutos
Cocción: 1 hora 15 minutos

Judías rojas de Sangüesa

Ingredientes para 4 personas
500 g de judías
200 g de tocino entreverado
1 chorizo
1 cabeza de ajos
1 diente de ajo picado
1 tomate
2 cebollas
1 cucharada de pimentón dulce
1/2 repollo
1 morcilla
1 cucharada de harina
1 taza de aceite de oliva
Sal

El vino
Acompañar de un vino tinto con barrica de corte tradicional con D.O. Navarra, de las variedades tempranillo, merlot y cabernet sauvignon, o de un vino tinto Reserva con D.O. Valdepeñas, elaborado con cencibel.

Se dejan las judías en remojo un mínimo de 12 horas. Se ponen en una olla con agua y se incorporan un tomate cortado en dados, la cabeza de ajos, una cebolla picada, el tocino cortado en dos trozos y el chorizo. Se cuece a fuego suave 1 hora.

Aparte, en una sartén con un poco de aceite, se sofríe la otra cebolla y cuando esté transparente se incorpora el pimentón. Se riega con un cucharón del caldo de cocer las judías. Se deja que arranque el hervor y se incorpora el sofrito a la olla.

En otra olla se cuece con agua y sal el repollo cortado en trozos. Cuando esté tierno, se agrega la morcilla y se deja en este caldo 5 minutos. Se escurre el repollo, se recupera la morcilla y se dora en una sartén. Se incorpora a la misma el diente de ajo picado y el repollo y se deja hasta que esté bien rehogado.

Se presentan por separado en un plato sopero las judías, y en una fuente plana la morcilla y el chorizo, cortados en rodajas, el tocino entreverado y el repollo.

Para que espese el caldo de las judías, antes de terminar la cocción se retira una cucharada de éstas, se chafan con un tenedor o se pasan por la trituradora y se incorporan al caldo.

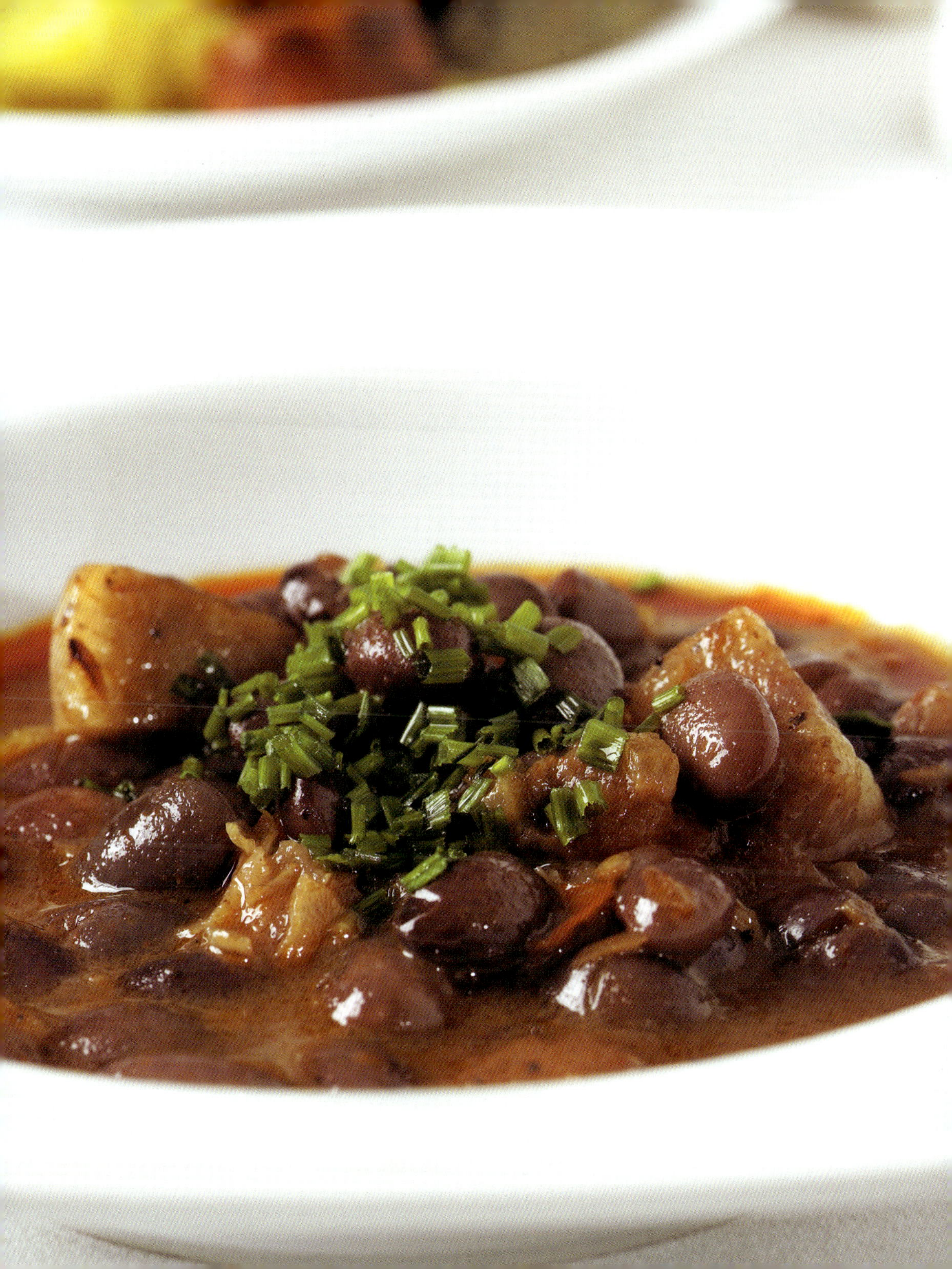

Dificultad: baja
Preparación: 15 minutos
Cocción: 10 minutos

Revuelto de setas

Ingredientes para 4 personas
500 g de setas variadas
8 huevos
100 g de jamón serrano
4 dientes de ajo
1 cucharada de perejil
1 taza de aceite de oliva
Sal

El vino
Sírvase con un vino tinto con poca barrica de D.O. Navarra de la variedad merlot, o con un vino tinto con crianza de la Tierra de Contraviesa-Alpujarra elaborado con garnacha y otras variedades foráneas.

Se limpian las setas y se reservan. En una sartén con un poco de aceite se sofríen los ajos picados finamente y, cuando tomen color, se añaden las setas con el perejil a la sartén y se saltean. Entonces se agrega el jamón cortado en trozos pequeños. Cuando el jamón empiece a sudar, se baten los huevos con un poco de sal en un cuenco y se agregan a la sartén removiendo hasta que cuajen. Se retira del fuego antes de que quede seco y se sirve.

> Las setas tienen abundante agua de vegetación. Se agregará la sal al final para evitar que la pierdan.

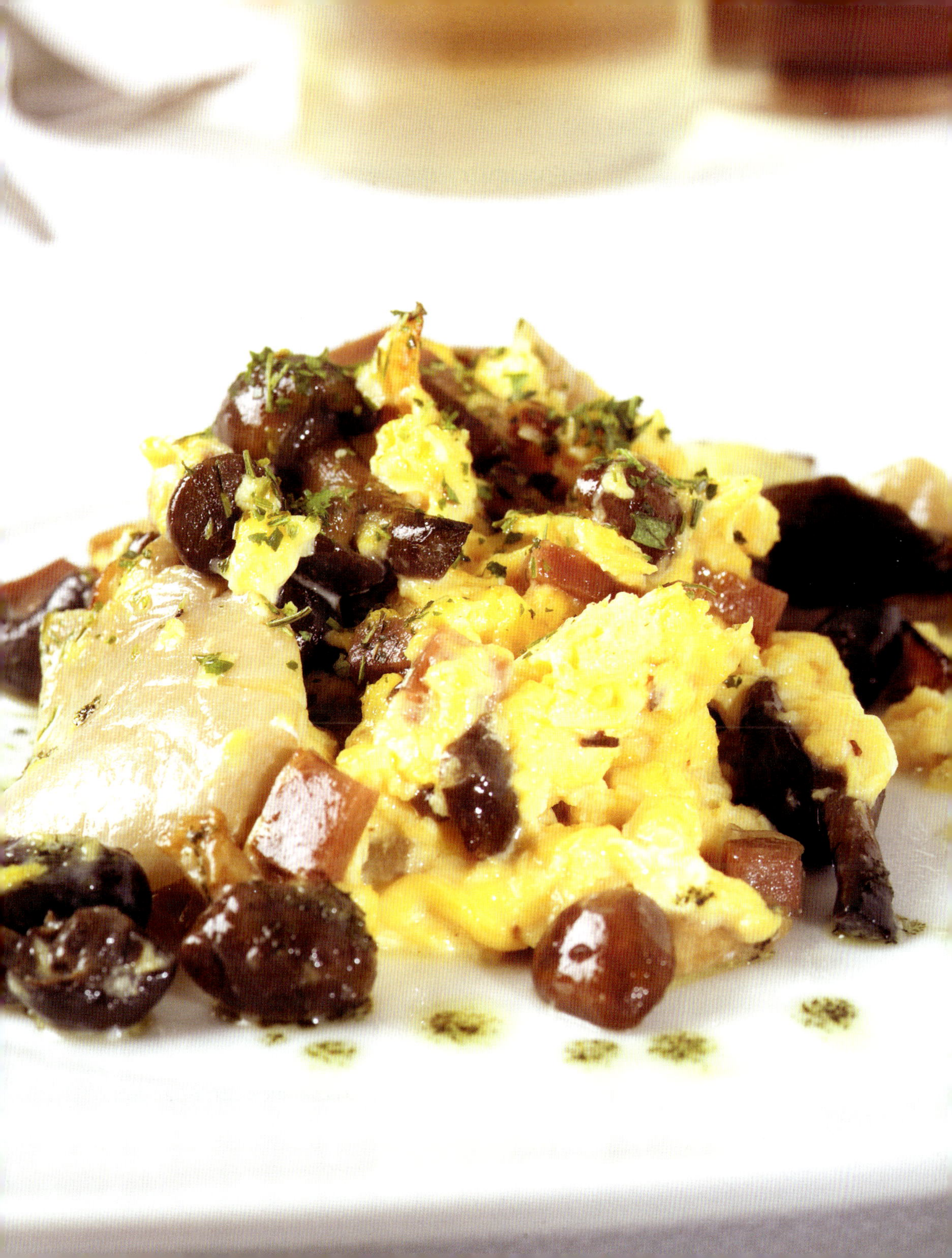

Dificultad: media
Preparación: 15 minutos
Cocción: 20 minutos

Huevos carlistas

Ingredientes para 4 personas
11 huevos
200 g de pan rallado
1 taza de aceite de oliva
1 cucharada de manteca de cerdo
1 limón
1 cucharada de perejil
Aceite abundante para freír

Para la bechamel:
50 g de mantequilla
100 g de harina
1 l de leche
Nuez moscada
Pimienta blanca molida
Sal

El vino
Acompañar de un vino blanco fermentado en barrica con D.O. Navarra, de la variedad chardonnay, o de un vino tinto sin crianza con D.O. Campo de Borja, elaborado con garnacha tinta y un poco de cabernet.

Se prepara una bechamel rehogando la harina con la mantequilla e incorporando lentamente la leche caliente. Se remueve continuamente hasta que espese y se sazona con sal, nuez moscada y pimienta molida. Fuera del fuego, se le agregan dos yemas de huevo mezcladas con el zumo de un limón.

Se fríen ocho huevos, de uno en uno, en una sartén con el aceite caliente. Una vez fritos, se colocan en una fuente poniendo una cucharada de bechamel y encima cada uno de los huevos. Se cubren con otra cucharada de bechamel y se dejan enfriar para que cuaje.

En un cuenco se bate un huevo entero y las claras reservadas de las dos yemas que se han incorporado a la bechamel. Con pan rallado y el huevo batido se rebozan los huevos fritos con su bechamel; se pasan de nuevo por pan rallado y se fríen en abundante aceite.

> Para poder trabajar el rebozado, los huevos fritos se tienen que dejar enfriar lo suficiente y así también cuajará mejor la bechamel. Cuando se fríen con el rebozo, se deben servir inmediatamente.

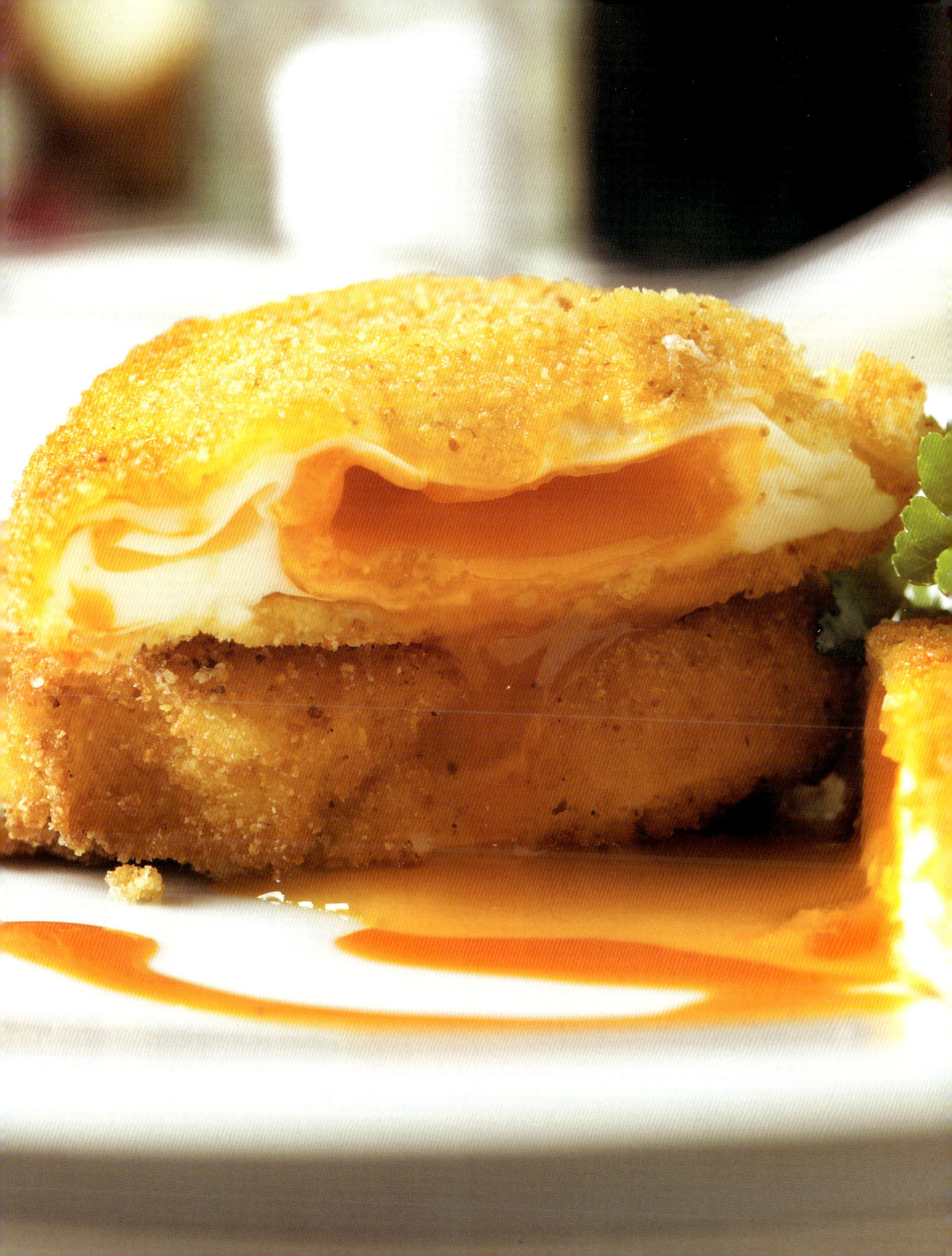

Dificultad: media
Preparación: 15 minutos
Cocción: 15 minutos

Salteado de espárragos con perretxicos

Ingredientes para 4 personas

24 espárragos de Navarra en lata
200 g de perretxicos
1 diente de ajo
1 tacita de crema de leche
1 cucharadita de vinagre
1 cucharada de cebollino picada
1 taza de agua
Sal

El vino

Servir con un vino tinto con barrica de D.O. Navarra, de las variedades tempranillo y garnacha, o con un vino blanco fermentado y criado en barrica de la Tierra del Bajo Aragón, elaborado con garnacha blanca viognier y chardonnay.

En una sartén con aceite se dora el ajo picado finamente. Se incorporan los perretxicos y, cuando estén casi en su punto, se reserva la mitad entre dos platos para mantenerlos calientes. Se riegan los que se tienen en la sartén con la crema de leche y un poco de sal y se deja reducir la salsa. Se agrega entonces un poco de vinagre y se tritura la salsa con la batidora.

Se cortan los espárragos en dos trozos y se reserva la parte de las puntas. Se aprovecha un poco del agua de la lata, se rebaja con agua y se incorpora la otra parte de los espárragos. Se trituran para hacer una crema de espárragos y se liga con un poco de mantequilla. Se colocan por encima de la crema los perretxicos reservados y se sirve teniendo en cuenta no mezclar las salsas.

Se debe usar un vinagre muy suave, como el de sidra, y no utilizar más de un ajo en el sofrito de las setas, para no enmascarar el sabor de los espárragos de Navarra.

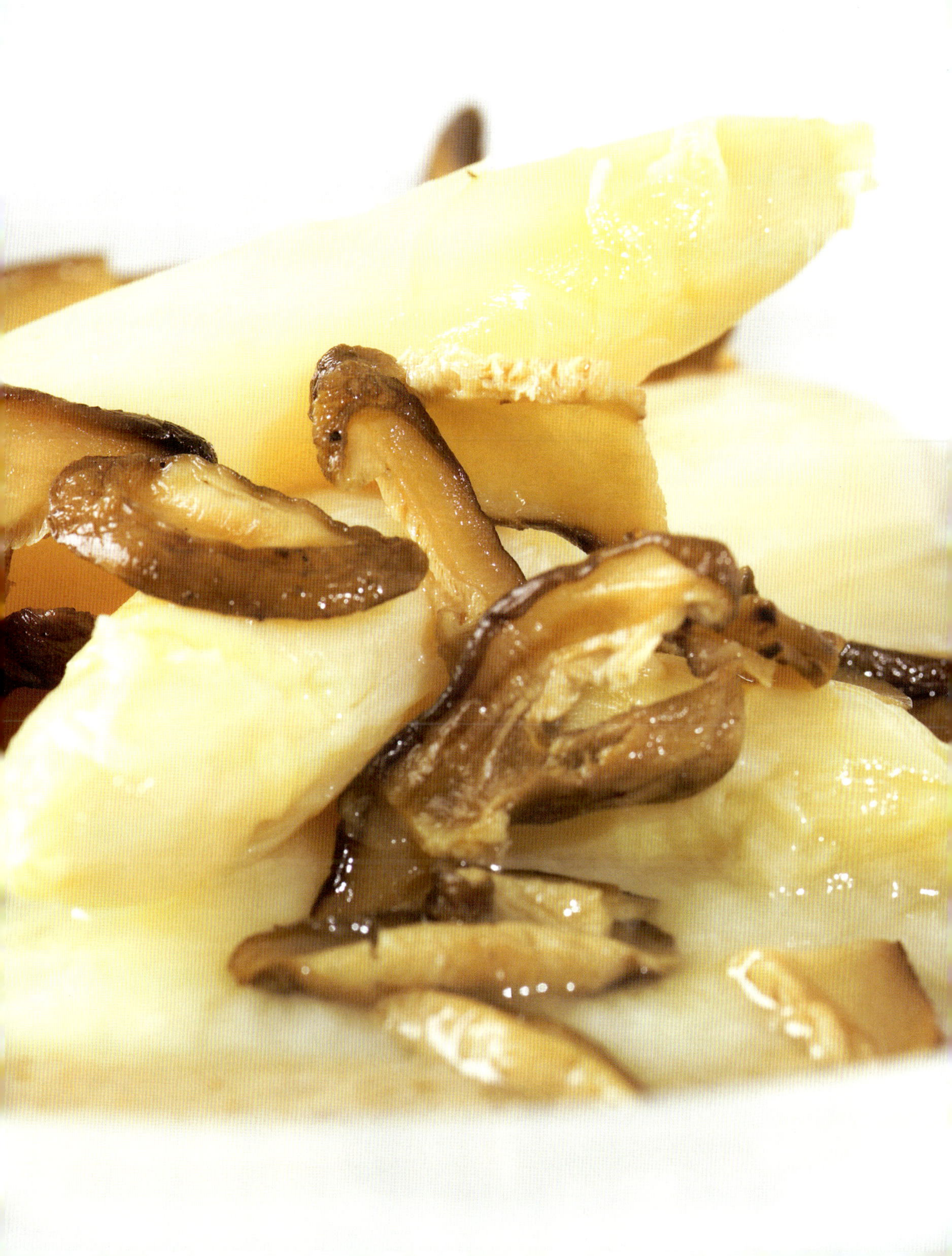

Dificultad: media
Preparación: 20 minutos
Cocción: 30 minutos

Pimientos del piquillo rellenos de bacalao

Ingredientes para 4 personas

12 pimientos del piquillo de Lodosa
1/2 kg de bacalao desalado
1 huevo
4 cucharadas de harina
2 tazas de aceite de oliva
1 l de leche
1 cebolla
2 cucharaditas de fécula de maíz
1 taza de nata líquida
Sal
Pimienta

El vino

Acompañar de un vino blanco fermentado en barrica con D.O. Navarra, de la variedad chardonnay, o de un vino rosado con D.O. Penedès, elaborado con cabernet sauvignon.

Se compra el bacalao remojado, se desmenuza y se le quitan las espinas. Se le da un hervor y se escurre.

En una sartén con un poco de aceite se sofríe la cebolla cortada muy fina. Cuando esté dorada, se añade el bacalao y se rehoga. Se cubre con leche y se deja que se vaya cociendo. Se disuelve la fécula de maíz con un poco de agua y se incorpora a la sartén. Después se tritura el contenido de ésta hasta conseguir una pasta bastante espesa.

Se escurren los pimientos de la lata y se les quitan las pepitas. Se rellenan con la pasta de bacalao, se rebozan con harina y huevo y se fríen a fuego lento hasta que estén dorados.

Se prepara la salsa, poniendo a cocer con la nata líquida uno o dos pimientos del piquillo. Se deja reducir, se sazona con sal y pimienta y se tritura. Se presentan los pimientos sobre un fondo de esta salsa.

No deben rellenarse los pimientos hasta el borde para que no se desborde el relleno.

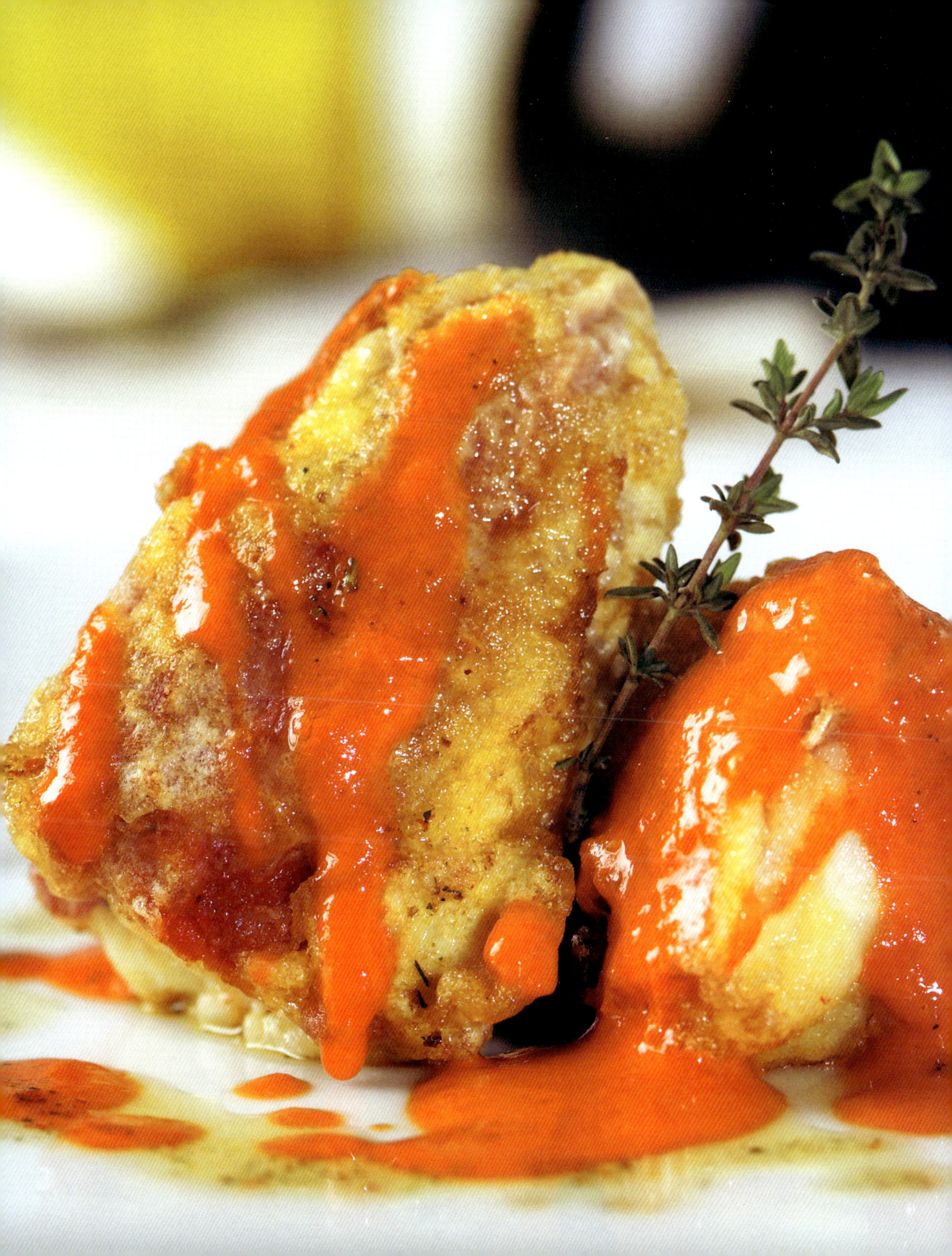

Pimientos del piquillo rellenos de pescado

Dificultad: media
Preparación: 20 minutos
Cocción: 30 minutos

Ingredientes para 4 personas

12 pimientos del piquillo de Lodosa
300 g de merluza
150 g de gambas
2 huevos
1 cebolla
1 taza de aceite de oliva
1 taza de harina
2 dientes de ajo
Sal
Pimienta
1 cucharada de perejil
1/2 l de caldo de pescado

El vino

Acompañar de un vino blanco fermentado en barrica con D.O. Navarra, de la variedad chardonnay, o de un vino blanco fermentado en barrica con D.O. Ca. Rioja, elaborado con garnacha blanca y viura.

Se desmenuza la merluza y se cortan las gambas en trozos pequeños. Se salan y se reservan.

En una sartén con un poco de aceite se dora la cebolla cortada bien fina. Se añaden la merluza y las gambas, se rehogan un poco, se incorpora una cucharada de harina y se sazonan con sal y pimienta. Se riega la mezcla con un par de cucharadas de caldo de pescado y se deja cocer unos minutos más.

Se rellenan con esta mezcla los pimientos, se rebozan con harina y huevo batido y se fríen. Se prepara una salsa dorando dos dientes de ajo bien picados, se espolvorea en el sofrito un poco de harina y cuando empiece a tostarse se riega con un poco de caldo del pescado. Se trabaja en una sartén esta salsa y se cubren con ella los pimientos. Se espolvorean con perejil o cebollino picado.

> En lugar de merluza, se pueden rellenar los pimientos con otro pescado, como el rape.

Primeros

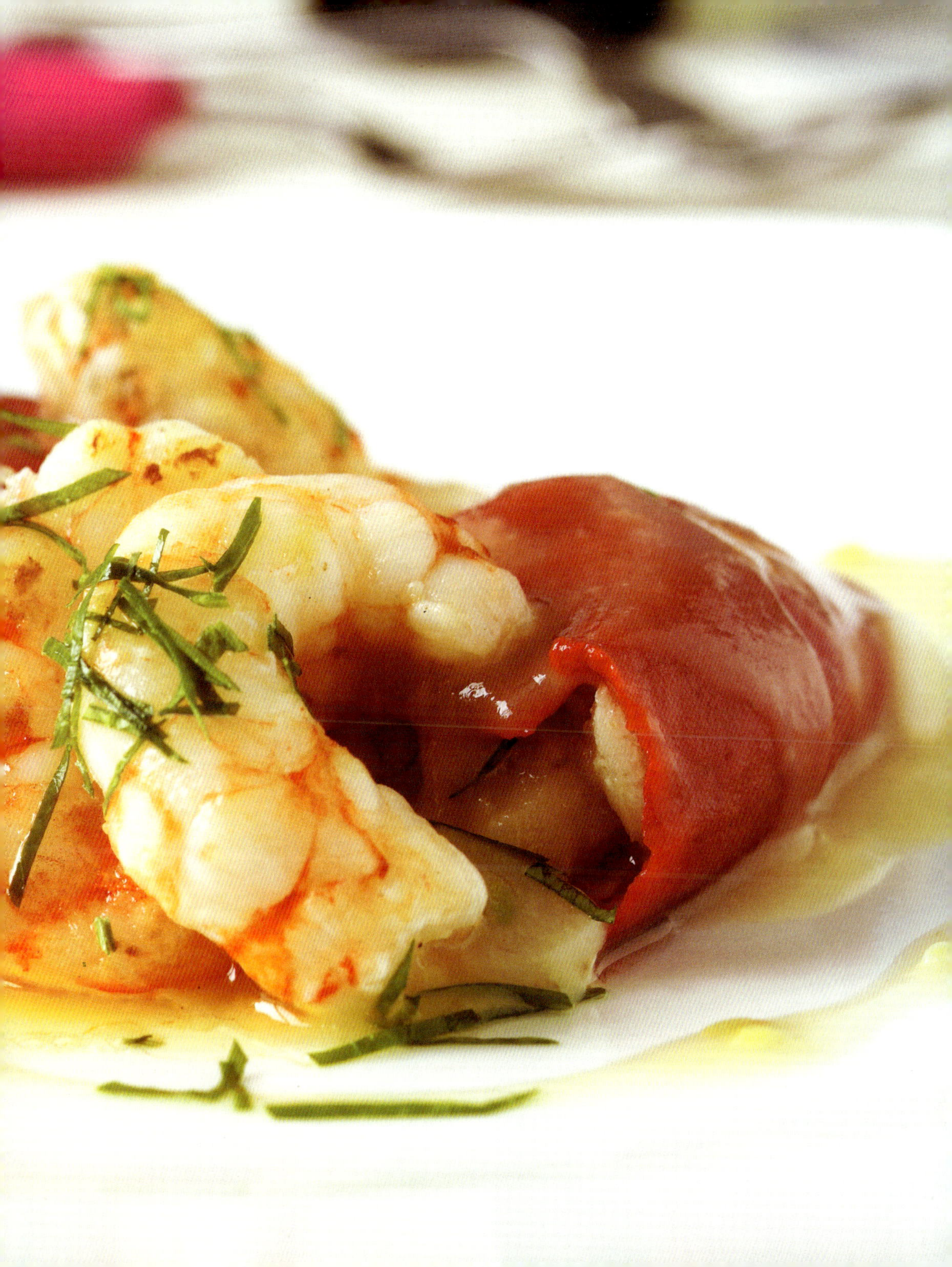

Dificultad: media
Preparación: 15 minutos
Cocción: 35 minutos

Alcachofas con almejas

Ingredientes para 4 personas

16 alcachofas
1/2 kg de almejas
1 vaso de vino blanco
150 g de jamón serrano
1 cucharada de harina
1 cebolla
4 dientes de ajo
1 tacita de aceite de oliva
Sal
1 limón
Agua

El vino

Acompañar de un vino blanco sin barrica con D.O. Navarra, de la variedad chardonnay, o de un vino blanco sin barrica con D.O. La Mancha, de la variedad airén.

Se lavan las almejas con agua y se reservan. Se quitan a las alcachofas las hojas más duras y se cortan por la mitad.

Se lleva al fuego agua con sal y cuando rompa el hervor se incorporan las alcachofas, de tal manera que no se interrumpa la ebullición. Cuando están al punto se retiran del fuego y se escurren.

En una sartén con aceite se doran la cebolla y los ajos cortados bien finos. Cuando la cebolla esté transparente, se añade el jamón partido en dados pequeños y las almejas. En cuanto se abran, se espolvorean con un par de cucharadas de harina y se dejan rehogar. Se riegan con el vino blanco y un par de cucharones del caldo donde se han hervido las alcachofas. Se dejan cocer 2 minutos.

Se agrega el contenido de la sartén a una cazuela donde se habrán dispuesto las alcachofas y se deja cocer todo junto unos 2 minutos más.

Es preferible utilizar para esta receta alcachofas de la Ribera. Hay que prestar atención a la cantidad de harina, que sea la justa para que cuando se añadan el vino y el caldo la salsa no espese demasiado.

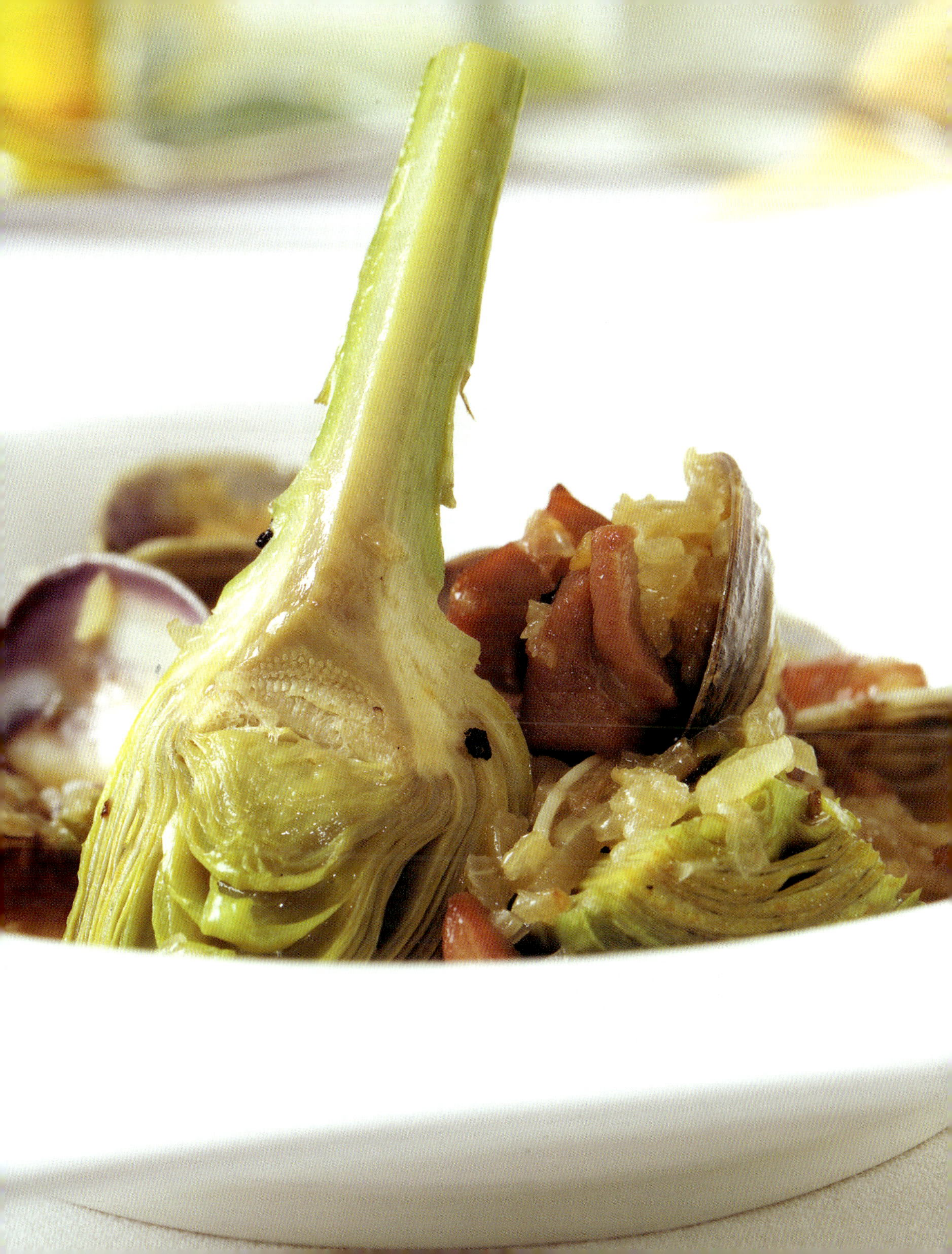

Dificultad: media
Preparación: 15 minutos
Cocción: 45 minutos

Cardo con picadillo de jamón

Ingredientes para 4 personas
1 cardo
2 cucharadas de harina
1 taza de aceite de oliva
1 taza de leche
150 g de jamón serrano
2 dientes de ajo
12 almendras
Sal
Agua

El vino
Acompañar de un vino tinto sin barrica con D.O. Navarra, de la variedad tempranillo, o de un vino blanco fermentado en barrica con D.O. Terra Alta, de las variedades garnacha blanca y macabeo.

Se limpia y se pela el cardo de manera que tenga el mínimo de hebras posible y se corta en trozos regulares. Se cuece con agua abundante y sal, hasta que estén al punto. Entonces se escurre y se reserva el caldo de cocción.

En una sartén con un poco de aceite se sofríen los dientes de ajo cortados en láminas. Se incorpora el jamón cortado en dados y, cuando comience a sudar su grasa, se añade la harina y se rehoga. Se agrega la leche y, si es necesario, un poco del caldo de la cocción de la verdura. Se trabaja la mezcla hasta conseguir una crema ligera.

Se agrega el cardo al sofrito junto con las almendras picadas. Se rectifica de sal y se deja cocer 5 minutos.

> La cocción del cardo depende del grosor de los tallos, pero no debe exceder de 40 minutos.

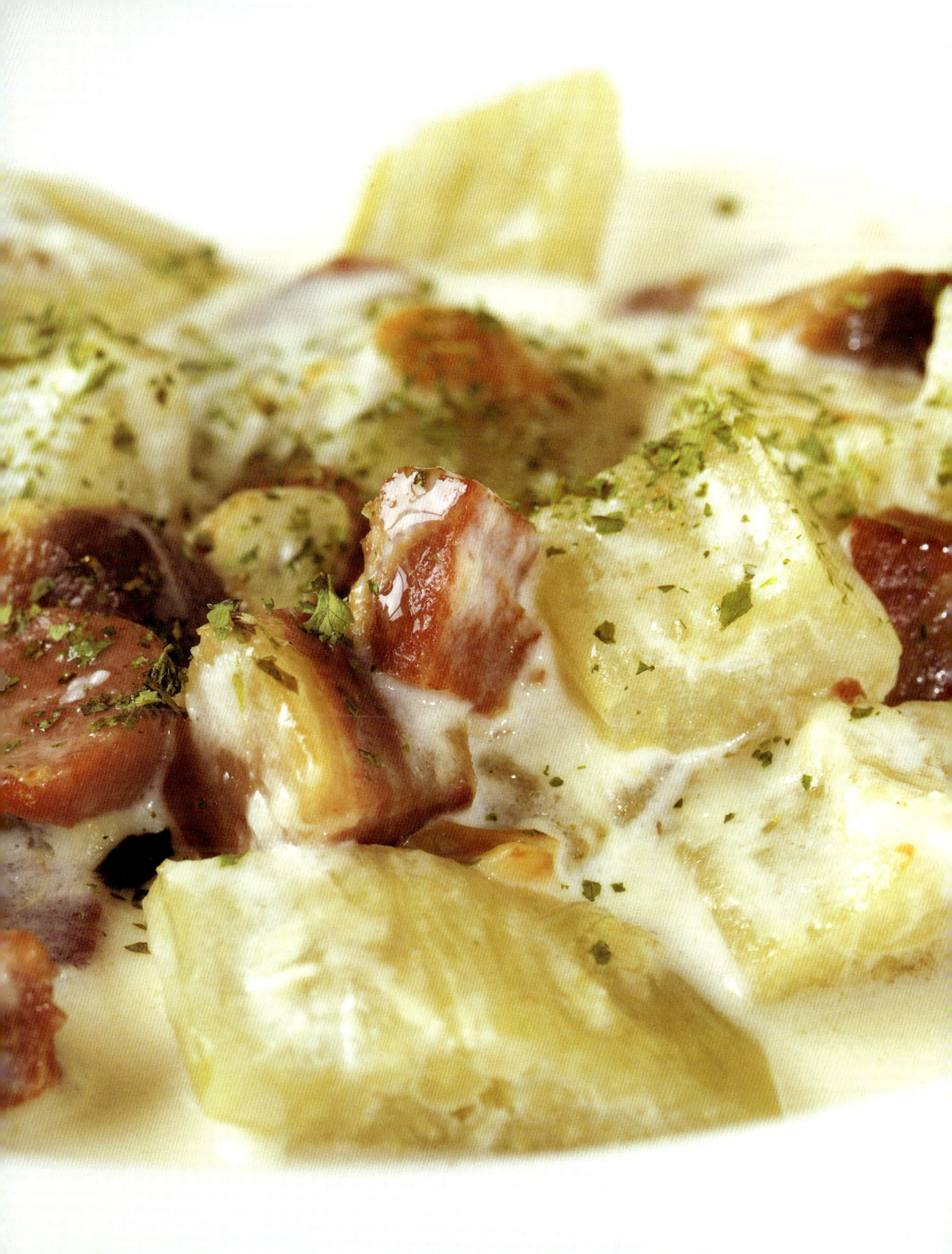

Dificultad: baja
Preparación: 15 minutos
Cocción: 15 minutos

Espárragos con vinagreta

Ingredientes para 4 personas
1 kg de espárragos blancos gruesos
1 diente de ajo
1 pimiento verde
1 pimiento rojo
1 cucharada de perejil
1 taza de aceite de oliva
3 cucharadas de vinagre de vino
Sal

El vino
Acompañar de un vino rosado con D.O. Navarra, de las variedades garnacha y cabernet sauvignon, o de un vino blanco fermentado en barrica con D.O. Ca. Rioja, elaborado con viura.

Se pelan los espárragos y se les quita la parte más fibrosa. Se lleva al fuego una cazuela con agua y sal y, cuando comience a hervir, se echan los espárragos. Cuando estén cocidos se ponen en agua con hielo para cortar la cocción, se escurren y reservan.

Se cortan muy finamente los dos tipos de pimientos y el ajo, se les añaden el vinagre y la sal y, seguidamente, el aceite. Se espolvorea con el perejil.

Se colocan los espárragos en una fuente de servicio y se reparte por encima la vinagreta.

> Cuando se hiervan los espárragos es mejor incorporarlos por tandas para que el agua no deje de hervir.

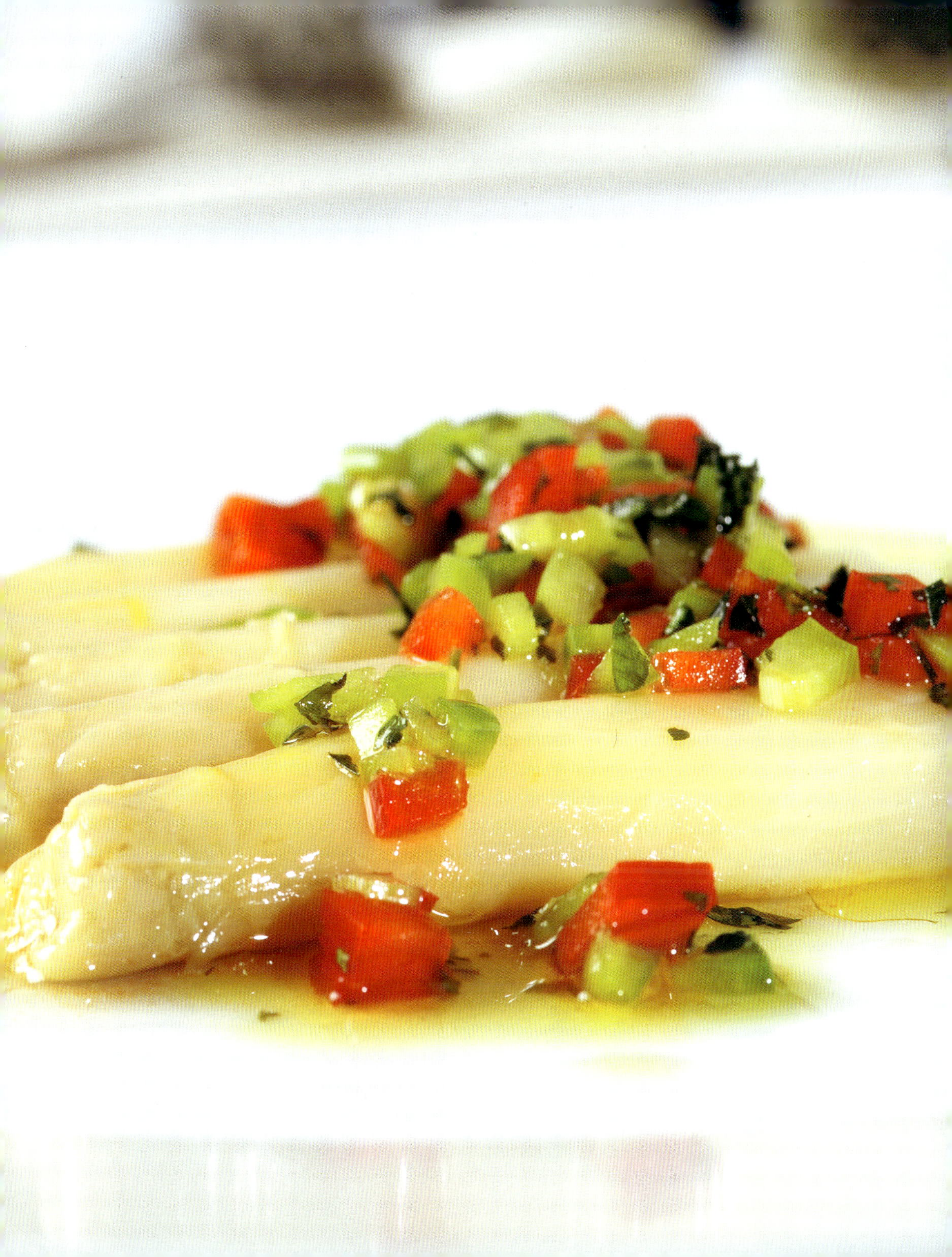

Dificultad: baja
Preparación: 15 minutos
Cocción: 20 minutos

Ensalada de patatas y cogollos

Ingredientes para 4 personas
6 patatas
1 cebolleta
2 cogollos de Tudela
8 gambas
1 manojo de rábanos
1 taza de aceite de oliva
1 cucharada de perejil picado
4 cucharadas de vinagre de sidra
Sal

El vino
Servir con un vino tinto sin barrica de D.O. Navarra, de la variedad tempranillo, o con un vino blanco sin barrica de D.O. Rueda, elaborado con verdejo y viura.

En una olla con agua se cuecen las patatas sin pelar. Cuando se enfríen, se pelan y se cortan en rodajas.

Se pelan las colas de las gambas y se fríen en una sartén con un poco de aceite.

Se cortan los cogollos en cuartos, se lavan y se escurren. Se pica la cebolleta y se limpian los rábanos. En una fuente se coloca una base de cogollos y se añaden encima las rodajas de patatas y las gambas salteadas. Se decora con la cebolleta y los rábanos.

En un cuenco se prepara una vinagreta mezclando el vinagre, la sal, el aceite y el perejil. Se emulsiona con las varillas y se riega con ella la ensalada.

Una variedad de esta receta consiste en utilizar anchoas en salazón en lugar de gambas.

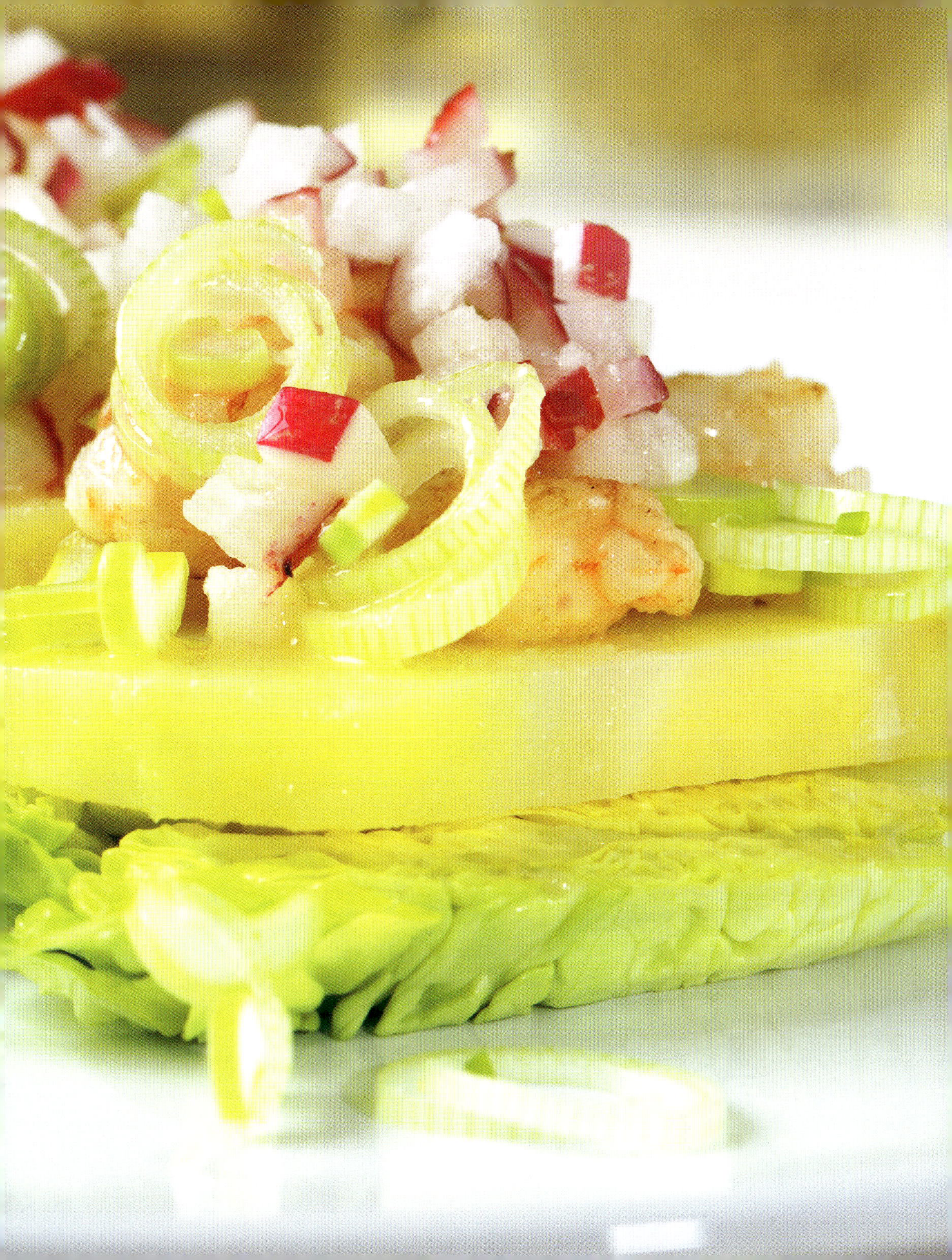

Dificultad: media
Preparación: 15 minutos
Cocción: 20 minutos

Migas de pastor

Ingredientes para 4 personas
1/2 kg de pan
100 g de sebo de cordero lechal
50 g de jamón serrano
50 g de longaniza
4 dientes de ajo
1 cebolla
1 taza de salsa de tomate
1 taza de agua
1 tacita de aceite de oliva
Sal

El vino
Acompañar de un vino tinto con barrica de corte tradicional con D.O. Navarra, elaborado con tempranillo y garnacha, o de un vino tinto con crianza con D.O. Ribera del Guadiana, elaborado con tempranillo y cabernet sauvignon.

Se pica el sebo muy fino, se pone en un cazo con un poco de aceite y se deja que suelte su grasa. Seguidamente, se vierte la grasa en una sartén a fuego medio. En ella se incorporan la cebolla picada y la longaniza y el jamón cortados bien finos. Cuando tomen color, se agregan el tomate, el agua y la sal. Se deja cocer todo unos minutos y se añade el pan cortado en láminas. Se le da vueltas con una cuchara, se agregan los ajos picados y se vuelve a remover para que las migas tomen un sabor uniforme. Se sirven en una cazuela de barro.

Se pueden preparar las migas en una cazuela, al rescoldo.
Si no se encuentra grasa de cordero, también salen sabrosas con manteca de cerdo.

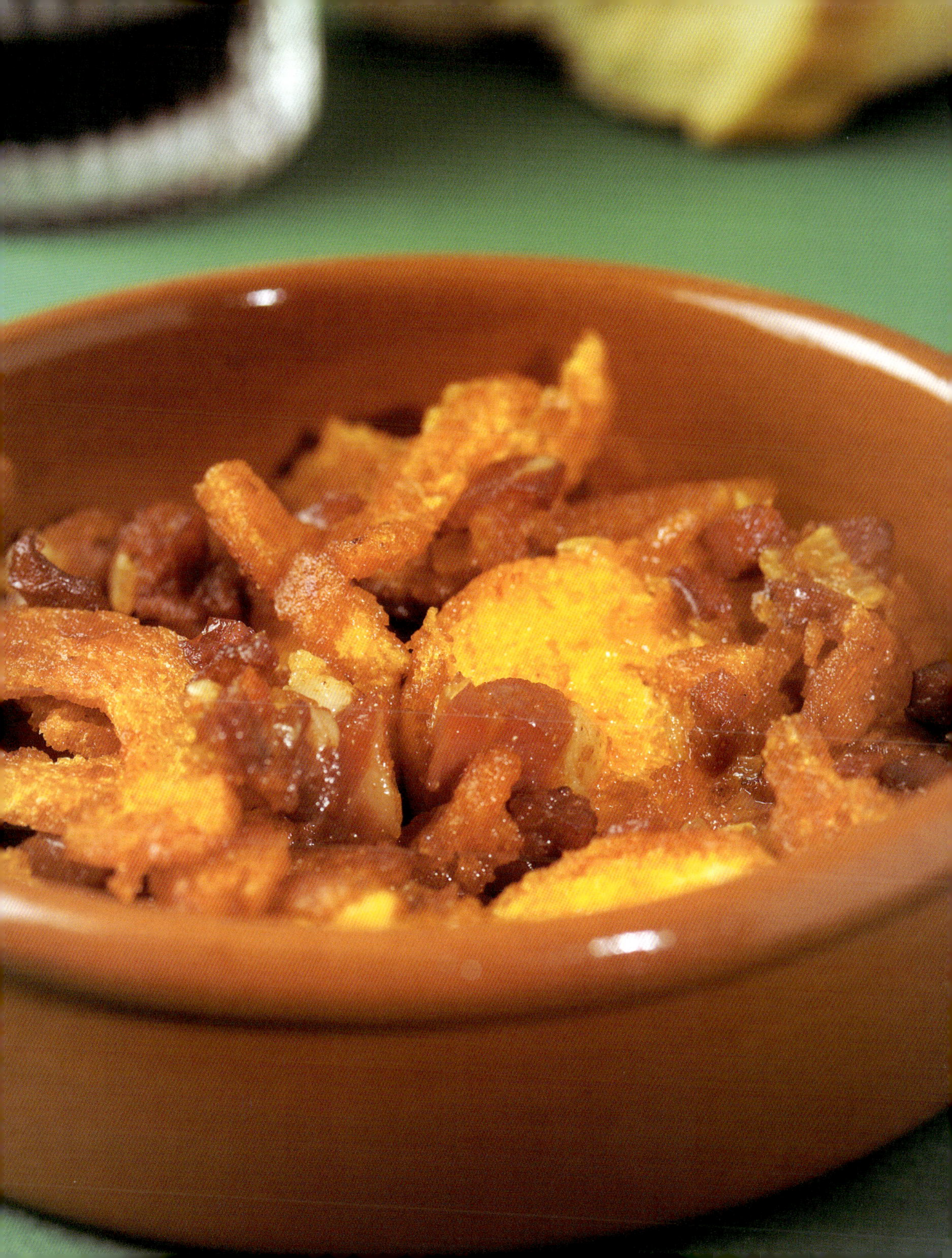

Dificultad: media
Preparación: 15 minutos
Cocción: 40 minutos

Pudín de espárragos

Ingredientes para 4-6 personas
1 kg de espárragos verdes
1/2 lechuga
8 langostinos
6 huevos
1 taza de leche
2 tazas de nata líquida
2 tazas de mayonesa
1 taza de pan rallado
1 nuez de mantequilla
Sal
Agua

El vino
Acompañar de un vino blanco fermentado en barrica con D.O. Navarra, de la variedad chardonnay, o de un vino blanco fermentado en barrica con D.O. Rueda, elaborado con verdejo.

En una olla con agua y sal se cuecen los espárragos. Se escurren y cuando estén fríos se cortan en trozos pequeños. Se disponen en un cuenco y se incorporan los huevos, la leche, la nata líquida y la sal. Se trituran con la batidora.

Aparte, se unta con mantequilla un recipiente alargado o un molde para pudín y se espolvorea con pan rallado. Se vierte en él la mezcla anterior y se introduce en el horno al baño María a 180° durante 35 o 40 minutos cubierto con papel de aluminio. Una vez frío se desmolda.

En una fuente de servicio se prepara un lecho con la lechuga cortada finamente; se incorpora el pudín, se vierte encima la salsa mayonesa y se acompaña de los langostinos limpios, pelados y cocinados al vapor.

> Opcionalmente se puede decorar el plato con un poco de caviar y unas puntas de espárragos.

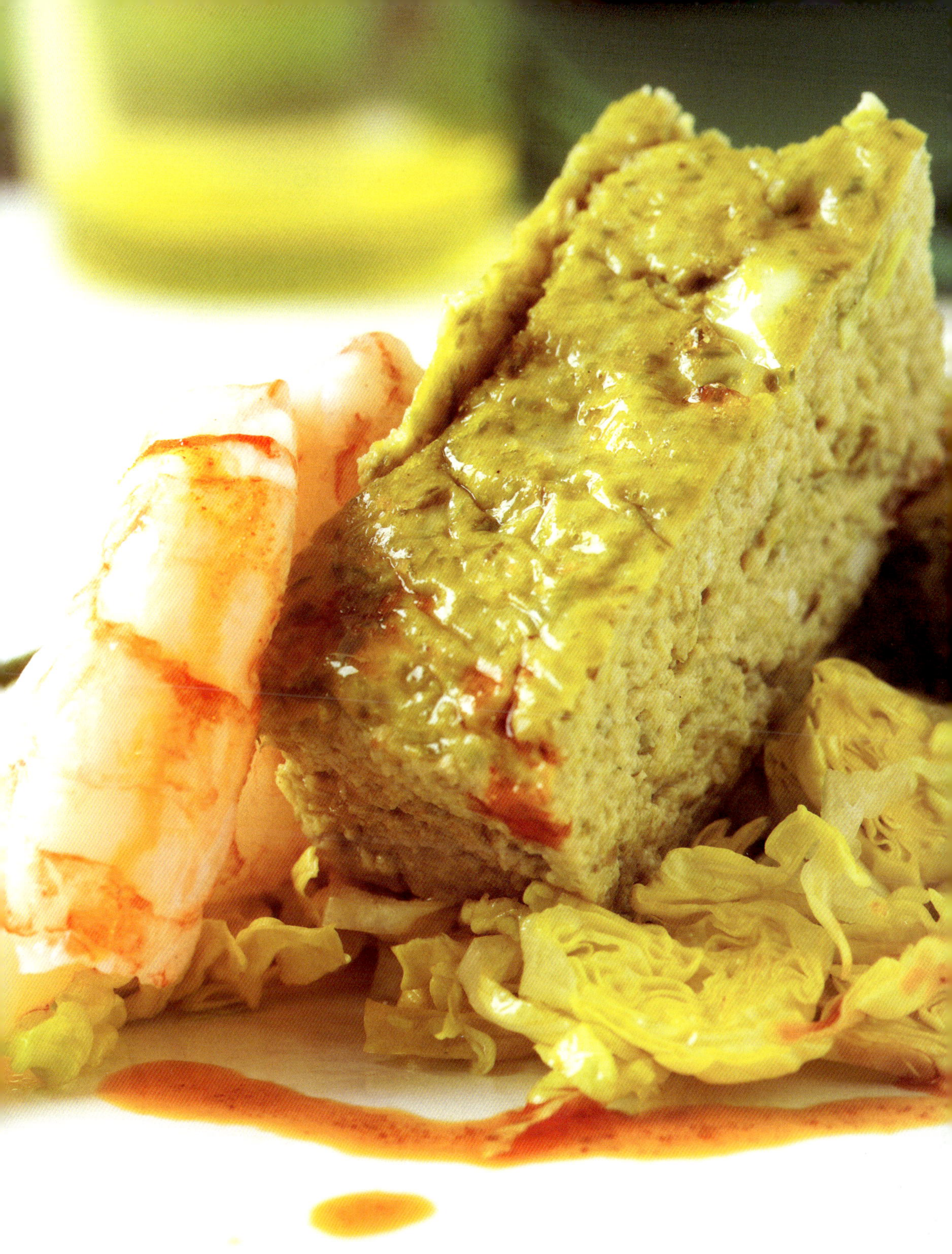

Dificultad: media
Preparación: 30 minutos
Cocción: 25 minutos

Chistorra y huevos fritos

Ingredientes para 4 personas
8 huevos
1 chistorra
Aceite para freír
Sal

Para la chistorra:
4 kg de magro de cerdo
1 kg de panceta de cerdo
20 dientes de ajo
1 taza de agua
2 cucharadas de pimentón dulce
100 g de sal gorda
1/2 madeja de intestinos

El vino
Servir con un vino tinto con crianza en barrica de la Ribera del Queiles, elaborado con cabernet sauvignon y merlot, o con un vino tinto con crianza en barrica de D.O. Costers del Segre, de la variedad cabernet sauvignon.

Se lavan los intestinos con agua tibia y se reservan. En un cuenco se colocan todas las carnes y se pican con la picadora. Se remueven bien y se reservan.

Aparte, se prepara una majada con los ajos, el pimentón y sal, y se deslíe con el agua. Seguidamente, se vierte la majada a la picada de carnes y se remueve bien. Cuando esté bien mezclado el aliño, se tapa la carne con un paño y se deja reposar durante 24 horas. Pasado este tiempo, se rellenan los intestinos con la picada de carnes, se atan cada 60 centímetros y se dejan colgados unos días para que se sequen.

En una sartén con aceite se fríen las chistorras en trozos; cuando hayan tomado color, se retiran. En el mismo aceite se fríen los huevos y así tomarán un sabor más intenso. Se sirven dos huevos por persona con unos trozos de chistorra.

La chistorra que sobre tras preparar este plato se conserva bien en el frigorífico. Si no se dispone de tiempo para preparar el embutido, se pueden encontrar en el comercio chistorras de calidad.

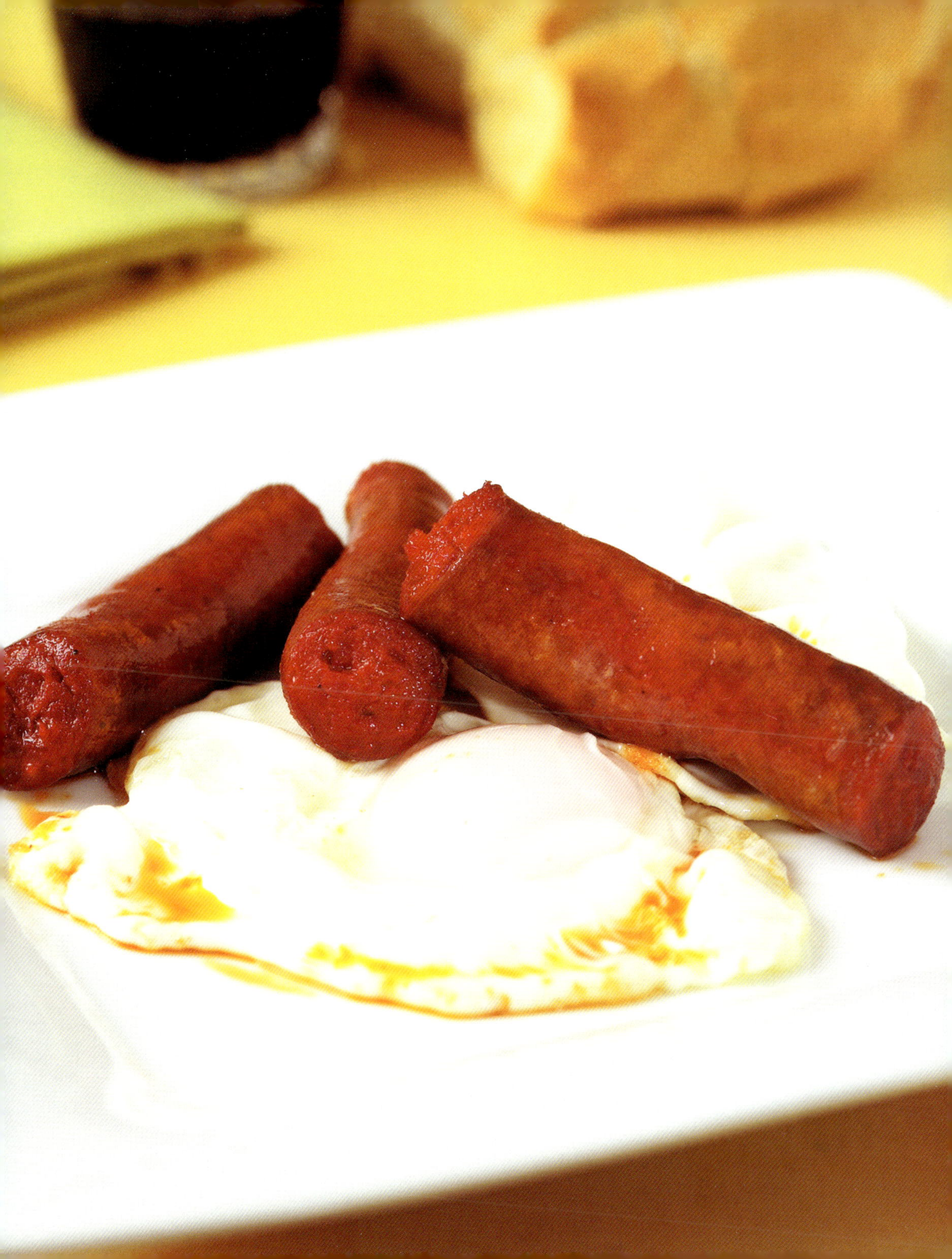

Dificultad: baja
Preparación: 10 minutos
Cocción: 20 minutos

Magras con tomate

Ingredientes para 4 personas
*8 lonchas de jamón serrano
1 cebolleta
4 tomates maduros
4 huevos
1 taza de aceite de oliva
1 cucharadita de azúcar
Sal*

El vino

Acompañar de un vino tinto con un breve paso por barrica con D.O. Navarra, de la variedad tempranillo, o de un vino tinto con crianza en barrica con D.O. Yecla, de la variedad monastrell.

En una cazuela con un poco de aceite se pocha la cebolla cortada finamente; cuando esté transparente, se añade el tomate rallado y se deja sofreír a fuego bajo durante 10 minutos. Se sazona y se añade un poco de azúcar si el sofrito está ácido.

En otra sartén con un poco de aceite se fríen las magras de jamón, sólo vuelta y vuelta. Se retiran y se incorporan al sofrito. En el aceite restante, se fríen los huevos y se disponen encima del jamón.

> En Navarra se conoce como magra a la loncha de jamón fina.

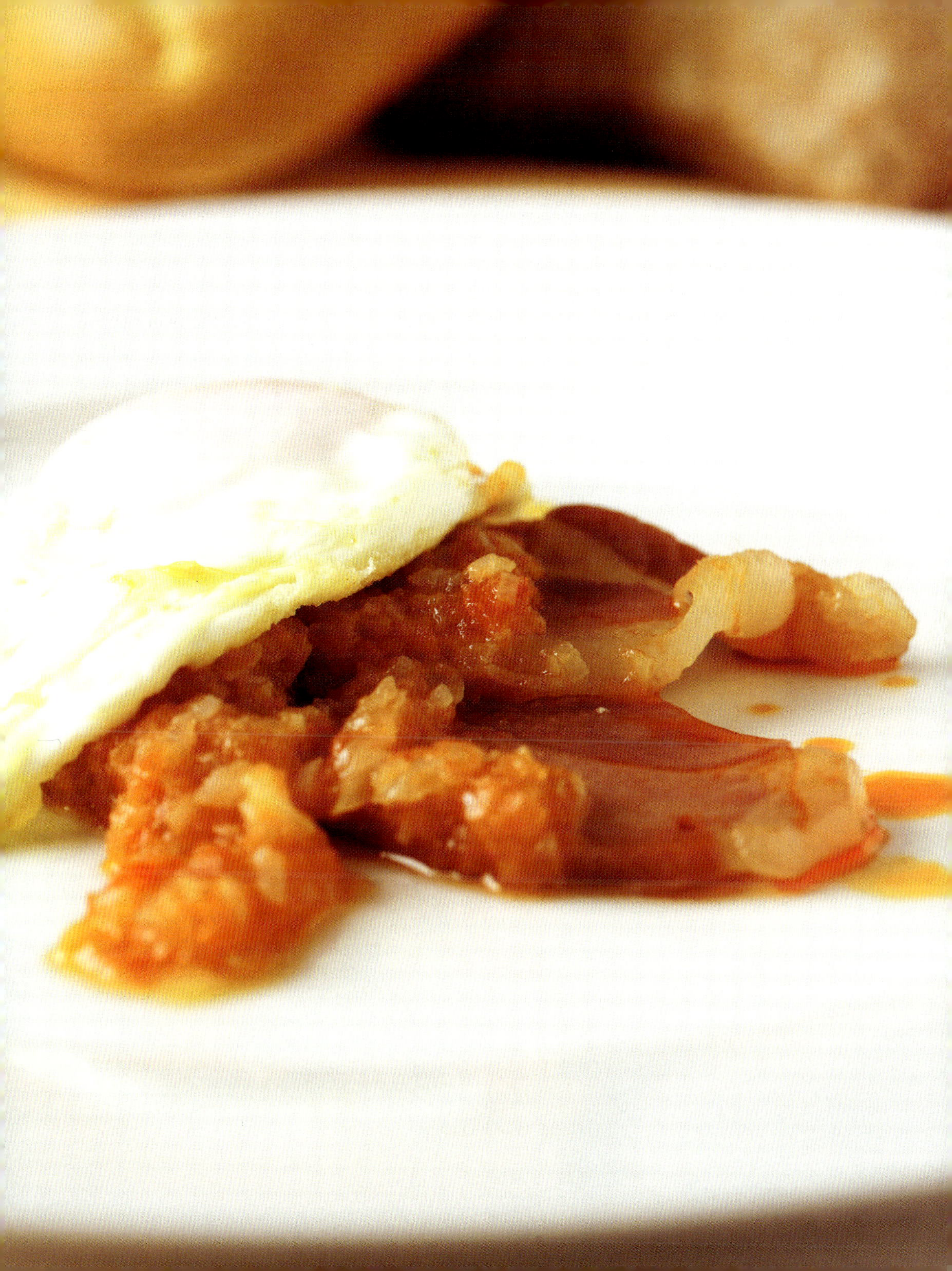

Dificultad: alta
Preparación: 40 minutos
Cocción: 1 hora 20 minutos

Relleno a la manera de Navarra

Ingredientes para 4-6 personas

8 huevos
4 tazas de arroz
2 cebollas
4 dientes de ajo
300 g de sebo de cordero
100 g de tocino
Unas hebras de azafrán
1 cucharadita de pimienta
2 cucharadas de perejil picado
1 taza de harina
1 taza de salsa de tomate
1 madeja de intestinos bien limpios
Aceite para freír
1 tacita de aceite de oliva
Sal

El vino

Acompañar de un vino tinto con crianza con D.O. Navarra, de la variedad garnacha, o de un vino tinto con poca crianza en barrica con D.O. Calatayud, elaborado con garnacha.

Se cuece el arroz con agua durante 18 minutos, se pasa por el colador, se enfría y se reserva.

En una cazuela se sofríen las cebollas y los ajos cortados bien finos, y el sebo y el tocino partidos en dados pequeños. Cuando estén dorados, se incorporan siete huevos batidos, el arroz, la pimienta, el azafrán, la sal y el perejil. Se remueve con la cuchara hasta conseguir una masa homogénea.

Se rellenan las tripas, dejando por las puntas espacio suficiente para que puedan hincharse durante la cocción y no revienten. Se lleva al fuego una olla grande con agua y, en cuanto arranque el hervor, se introducen los rellenos. Se dejan a fuego lento durante unos 40 minutos y se retiran. Cuando estén fríos, se rebozan con harina y huevo y se fríen en una sartén con aceite de oliva.

En una sartén se calienta una taza de salsa de tomate y se sirve el relleno con esta salsa.

Se puede preparar más cantidad de este relleno y congelarlo para otras ocasiones.

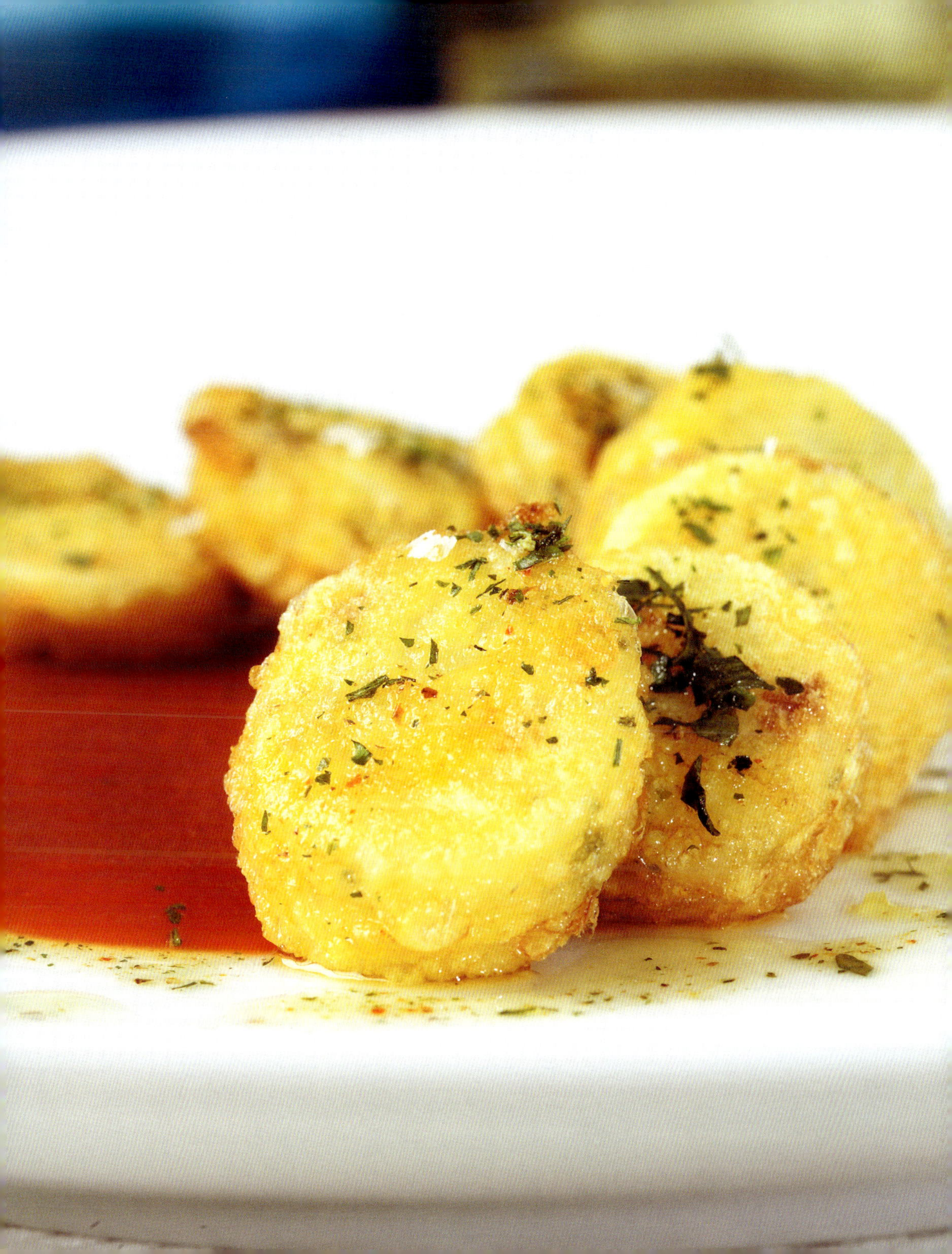

Dificultad: media
Preparación: 45 minutos
Cocción: 15 minutos

Lechezuelas

Ingredientes para 4 personas
600 g de lechezuelas (mollejas de cordero)
1 manojo de ajos tiernos
4 pimientos verdes
4 dientes de ajo
1 tacita de aceite de oliva
1 cucharada de vinagre
1 copa de vino blanco
1 cucharadita de pimienta blanca
Sal

El vino
Acompañar de un vino rosado con D.O. Navarra, de la variedad garnacha, o de un vino tinto sin crianza con D.O. Jumilla, elaborado con monastrell.

Se ponen en remojo en agua fría y con un chorrito de vinagre las mollejas, y se dejan así 30 minutos. Al cabo de ese tiempo se retiran y se lavan.

Se pone agua a calentar y cuando arranque el hervor se escaldan las mollejas, se dejan enfriar y se limpian de nervios, pieles e impurezas. Se cortan en filetes y se salpimentan.

En una sartén con un poco de aceite se fríen los ajos picados bien finos, se retiran y se reservan. En el mismo aceite se fríen los ajos tiernos cortados en tiras a fuego muy bajo. Se retiran y se reservan.

Se rebozan con harina las mollejas y se fríen en el aceite de dorar los ajos y los ajos tiernos. Se les da una vuelta y se agrega un poco de vino blanco y sal.

Se colocan las lechezuelas sobre los ajos tiernos fritos y se espolvorean por encima con los ajos picados. En una sartén con aceite limpio se fríen los pimientos verdes para la guarnición. Se salan y se acaba la cocción con un chorrito de vino.

> Esta misma receta sirve para elaborar las lechezuelas de ternera.

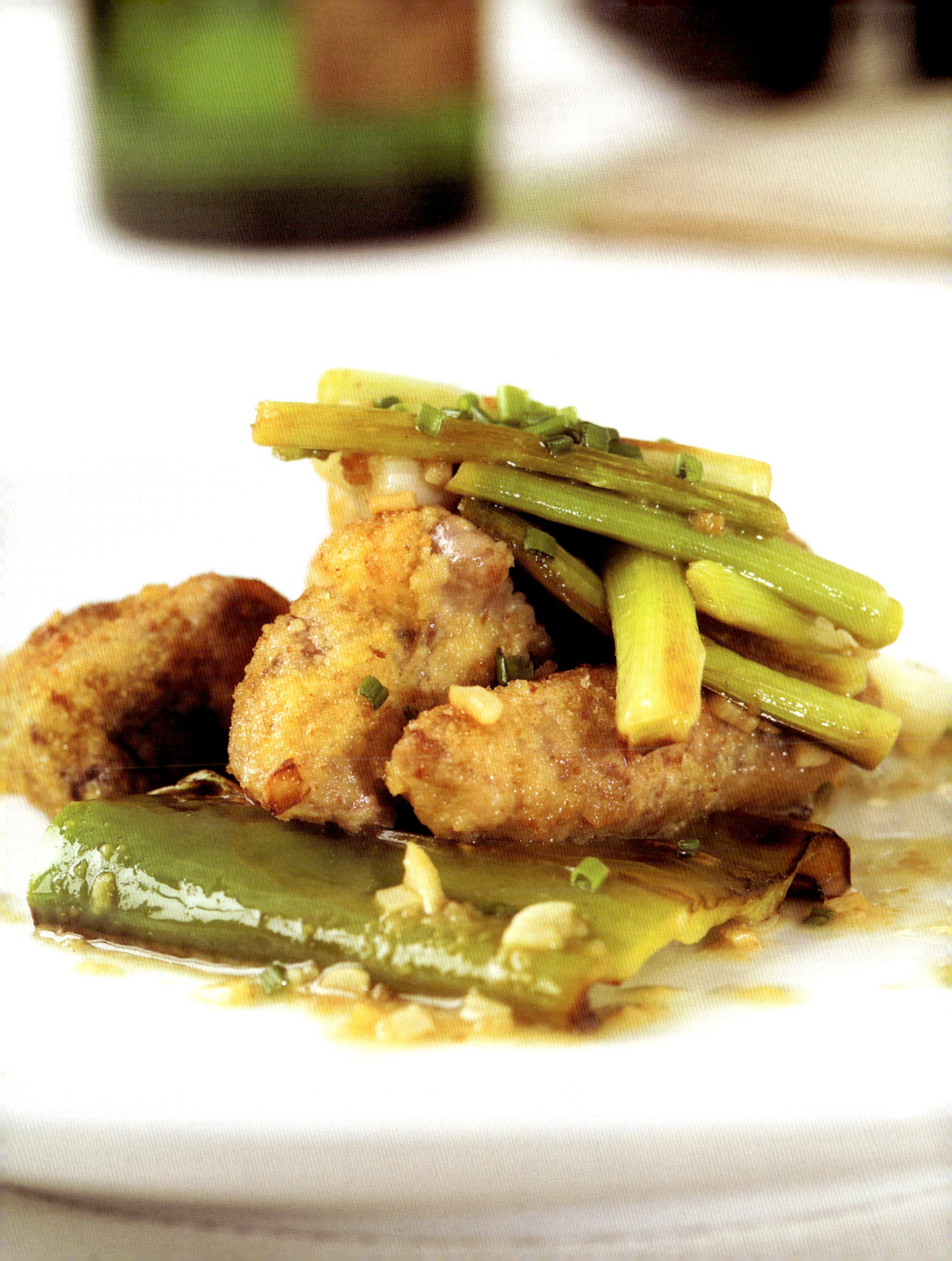

Dificultad: media
Preparación: 15 minutos
Cocción: 30 minutos

Patatas a la navarra

Ingredientes para 4-6 personas
1,5 kg de patatas
1/2 kg de chorizo
100 g de panceta
2 cebollas
4 pimientos verdes
4 dientes de ajo
1 hoja de laurel
1 taza de aceite de oliva
Sal

El vino

Sírvase con un vino tinto con crianza en barrica de D.O. Navarra, donde predomine la variedad merlot, o con un vino tinto con poca crianza de D.O. Cigales, de la variedad tinto fino.

En una cazuela con aceite caliente se doran la cebolla y los ajos picados. Se incorpora la panceta cortada en trozos y el chorizo partido en rodajas.

Se pelan y se cortan las patatas y se incorporan a la cazuela. Se rehogan. Se cubren con agua y se añade la hoja de laurel. Se sala y se deja cocer 20 minutos con la cazuela destapada.

> Para que el plato no resulte excesivamente grasiento es mejor utilizar chorizo magro.

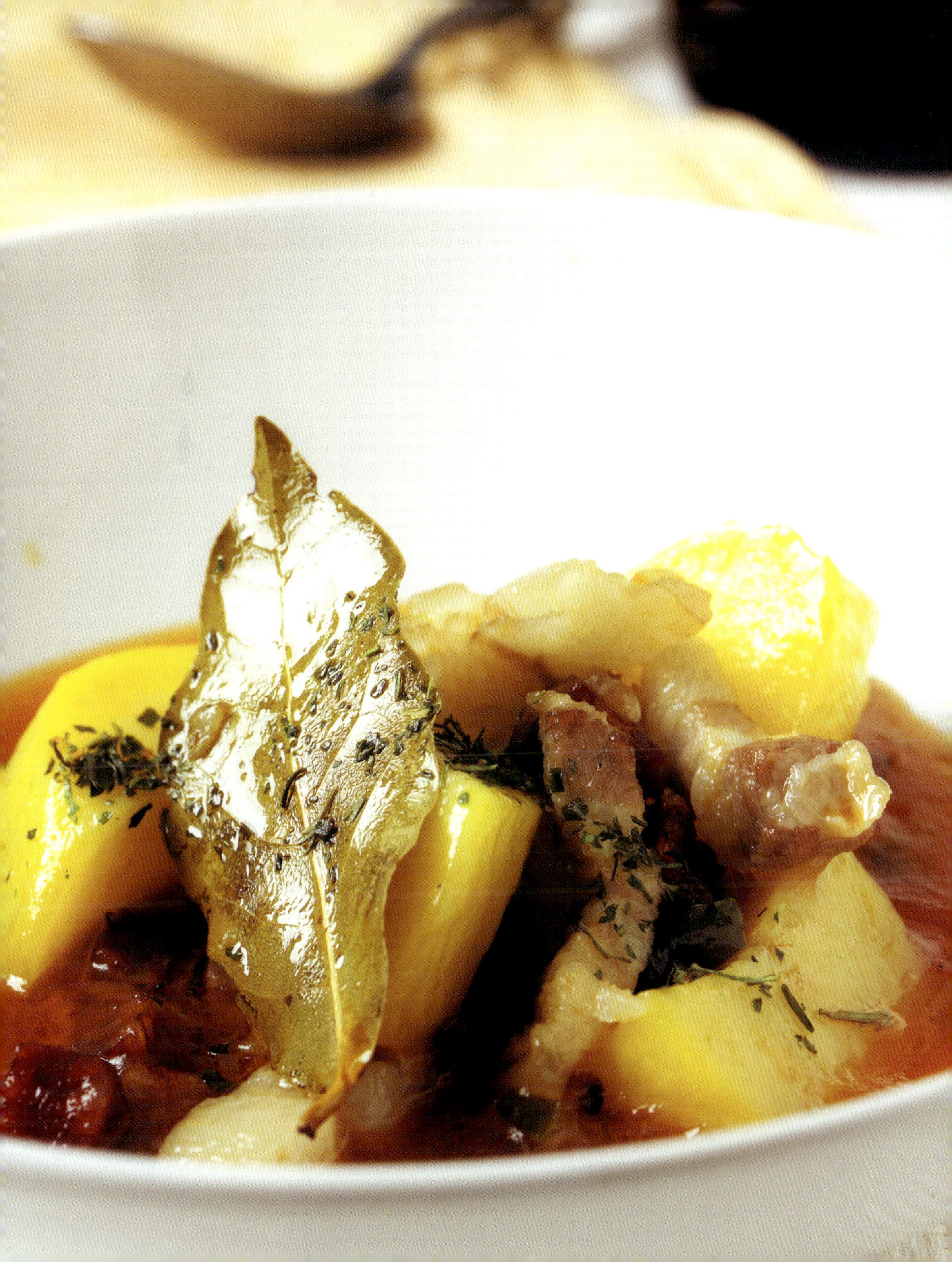

Dificultad: baja
Preparación: 10 minutos

Cogollos de Tudela

Ingredientes para 4 personas
4 cogollos
2 dientes de ajo
1 taza de aceite de oliva
2 cucharadas de vinagre
Sal

El vino
Sírvase con un vino blanco sin crianza de D.O. Navarra, de la variedad viura, o con un vino blanco sin crianza de D.O. Ribeiro, con predominio de la treixadura.

Se limpian los cogollos, se cortan longitudinalmente en cuartos y se escurren. En un mortero se majan los ajos. Se les añaden el vinagre, el aceite y la sal, y se trabaja la majada con las varillas hasta obtener una vinagreta bien emulsionada. Se riegan con ella los cogollos y se sirven.

> Para que la vinagreta quede en su punto, debe prepararse con un aceite virgen extra y un vinagre de vino que no sea demasiado aromático.

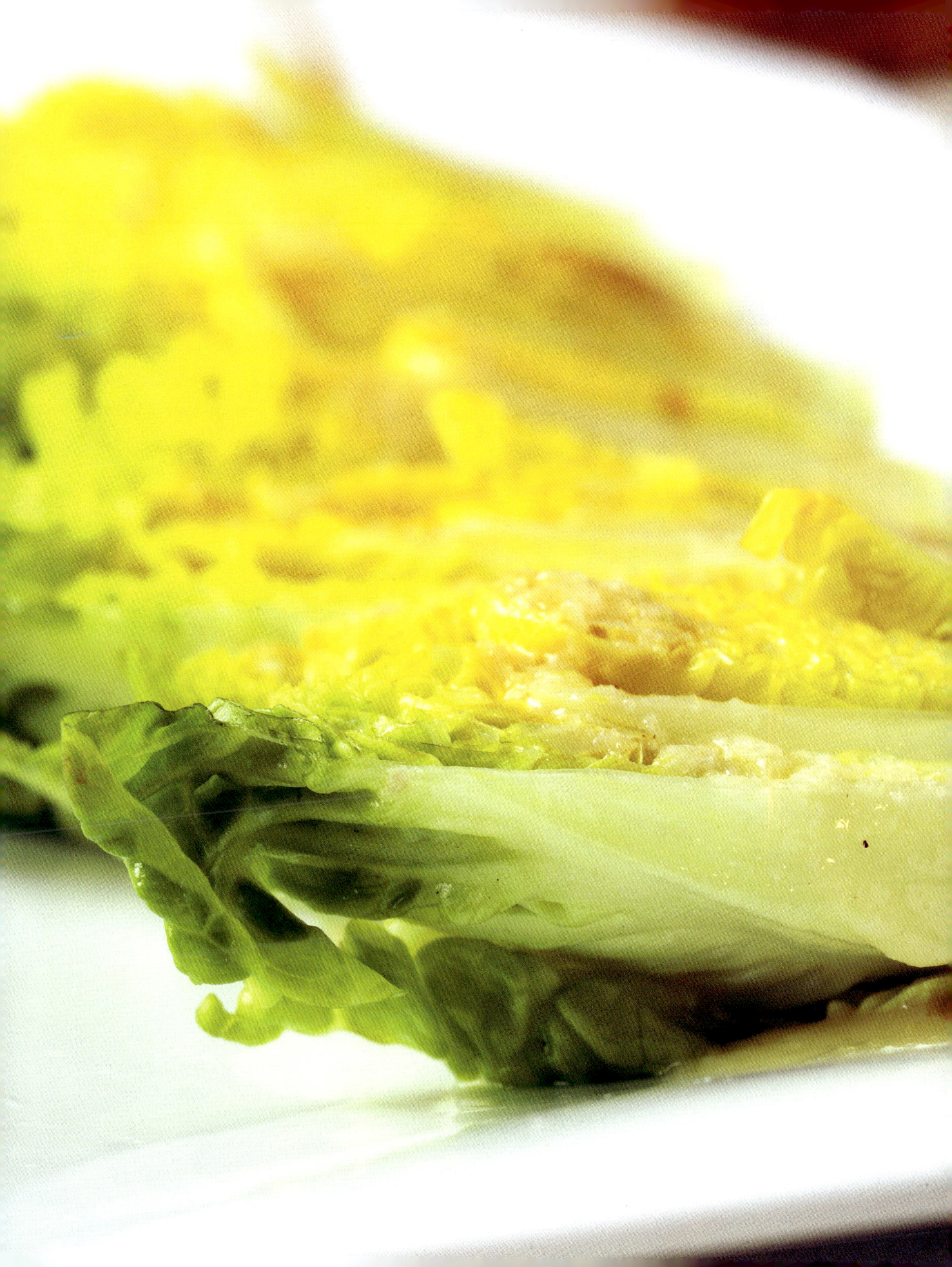

Dificultad: baja
Preparación: 10 minutos
Cocción: 20 minutos

Patatas panadera

Ingredientes para 4 personas
4 patatas medianas
1 cebolla
1 cucharada de perejil
1 tacita de aceite de oliva
Sal

Se corta la cebolla en láminas finas y las patatas en rodajas. Se sazonan y se doran en una sartén con aceite, se tapa la sartén y se deja a fuego suave. Cuando estén hechas, se espolvorean con perejil y se sirven como acompañamiento, por ejemplo, de un cordero asado.

El vino
Sírvase con un vino rosado de D.O. Navarra, de la variedad tempranillo, o con un vino blanco sin crianza de D.O. Ribeira Sacra, elaborado con albariño.

Las patatas tienen que cortarse en rodajas finas y se dejan en la sartén sin que lleguen a freírse. Deben quedar bien rehogadas.

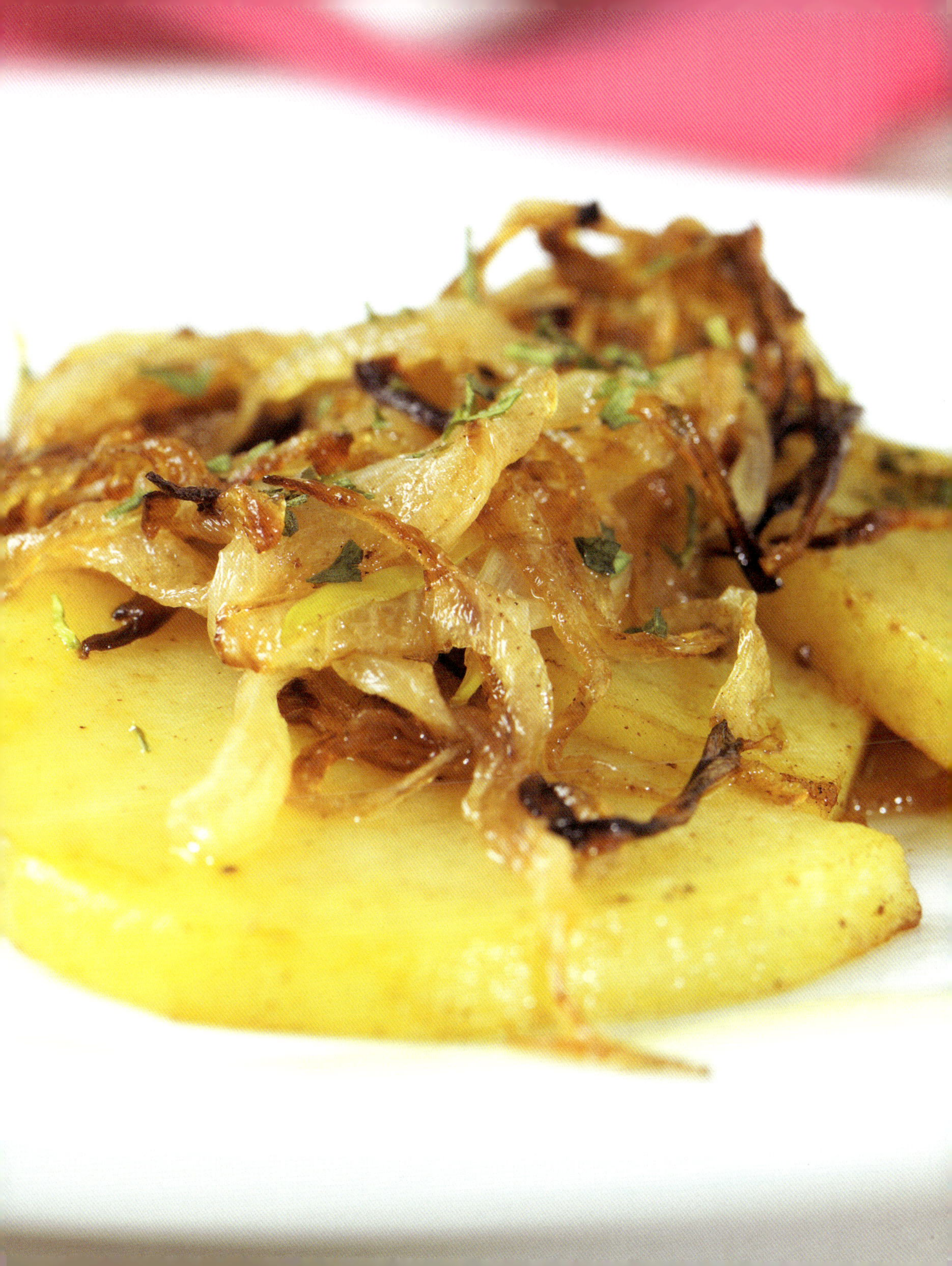

Dificultad: baja
Preparación: 10 minutos
Cocción: 15 minutos

Pimientos con huevos

Ingredientes para 4 personas
1 lata de pimientos del piquillo de Lodosa
4 dientes de ajo
4 huevos
Sal
1/2 guindilla
1 taza de aceite de oliva

El vino
Sírvase con un vino blanco fermentado en barrica de D.O. Navarra, de la variedad chardonnay, o con un vino rosado de D.O. Terra Alta, elaborado con garnacha tinta.

Se cortan los ajos en láminas y se sofríen en una cazuela con un poco de aceite. Se añade la guindilla. Se cortan los pimientos en tiras y se incorporan a la cazuela. Se sala el sofrito y se deja a fuego suave. Se cascan en él los huevos. Se tapan y se sirven en cuanto cuajen las claras.

> Es tradicional servir este plato en cazuelas de barro individuales. La cantidad de guindilla es opcional, según guste el picante.

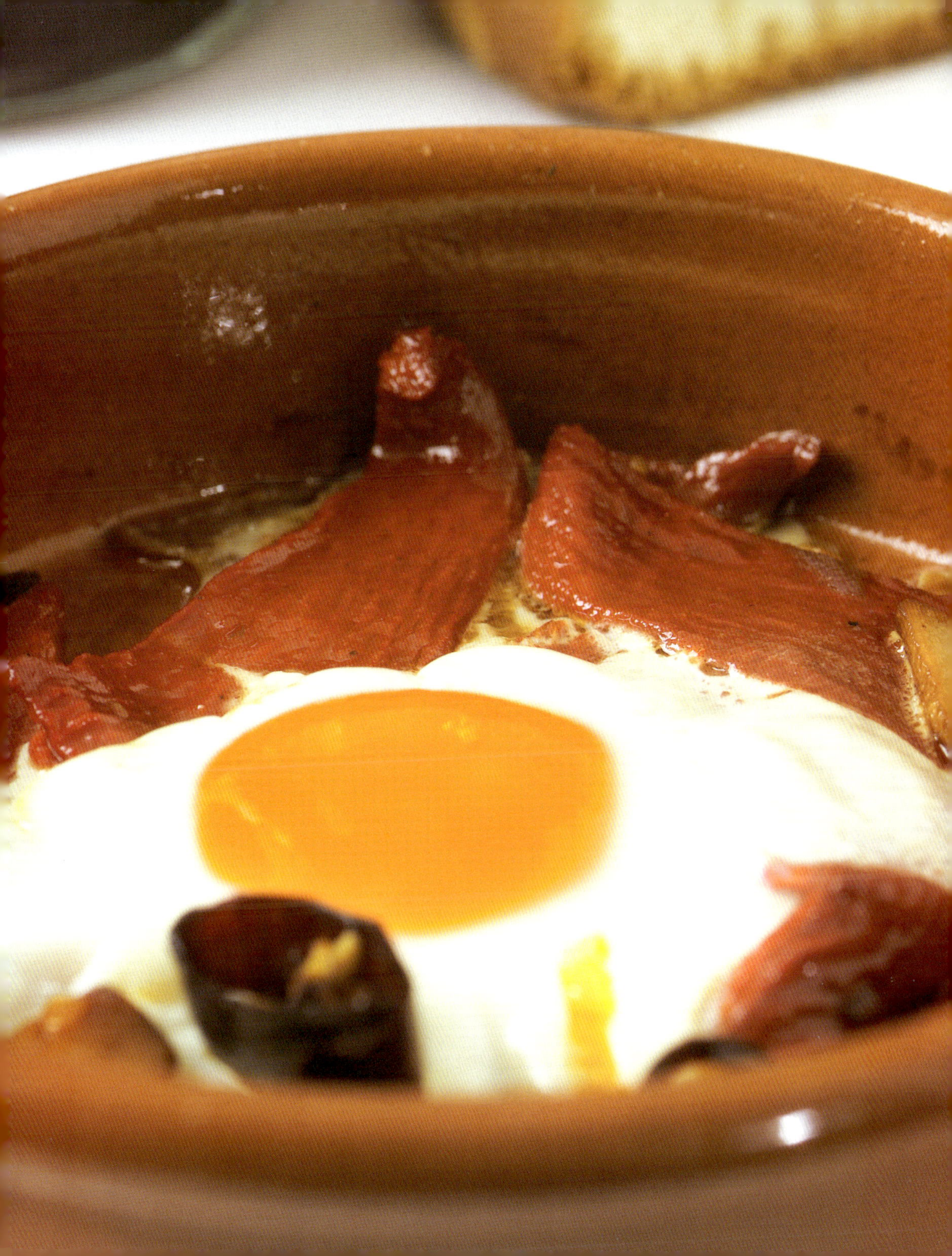

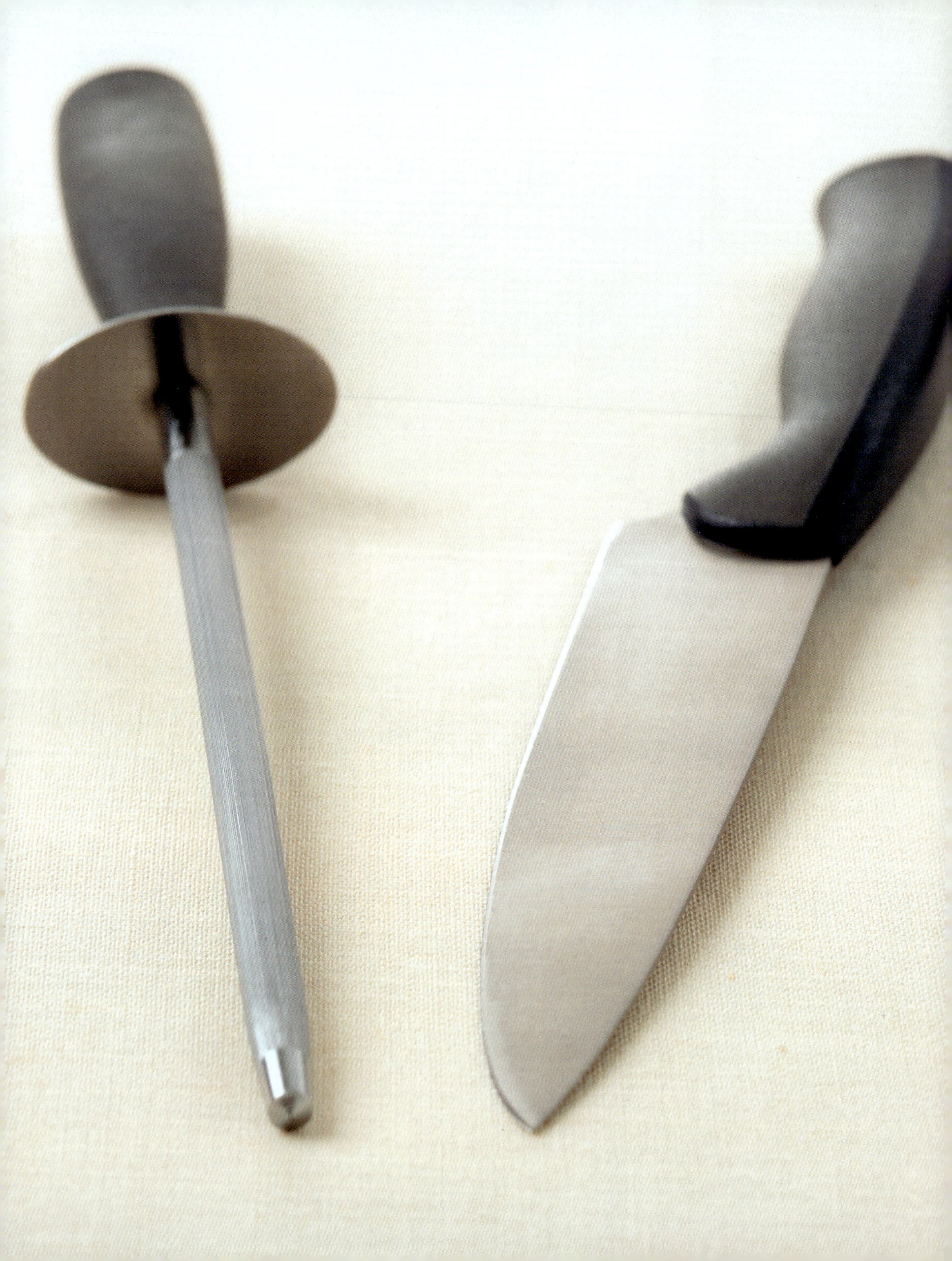

Cocina tradicional

Segundos

Dificultad: media
Preparación: 15 minutos
Cocción: 20 minutos

Bacalao ajoarriero

Ingredientes para 4 personas
600 g de bacalao
1 cebolla
2 pimientos verdes
4 pimientos del piquillo asados
2 pimientos choriceros o ñoras
2 dientes de ajo
1/2 guindilla
1/2 l de salsa de tomate
1 taza de aceite de oliva
Sal

El vino
Sírvase con un vino tinto sin crianza de D.O. Navarra, de la variedad merlot, o con un vino tinto con poca crianza de D.O. Manchuela, elaborado con monastrell y bobal.

En una cazuela con un poco de aceite se doran el ajo cortado en láminas y la cebolla bien fina. Se incorpora el pimiento verde cortado en tiras y, cuando esté blando, la guindilla y la pulpa del pimiento choricero, después de estar en remojo durante 1 hora. Se le da unas vueltas con la cuchara y se vierte la salsa de tomate. Se baja el fuego y se deja cocer unos 5 minutos. Se cortan los piquillos en tiras y se incorporan junto con pencas de bacalao desmenuzado o racionado. Se deja cocer todo 7 minutos, se corrige de sal y se sirve.

Se pueden encontrar pimientos del piquillo asados en conserva de muy buena calidad. Si se dispone de tiempo también se pueden asar en casa.

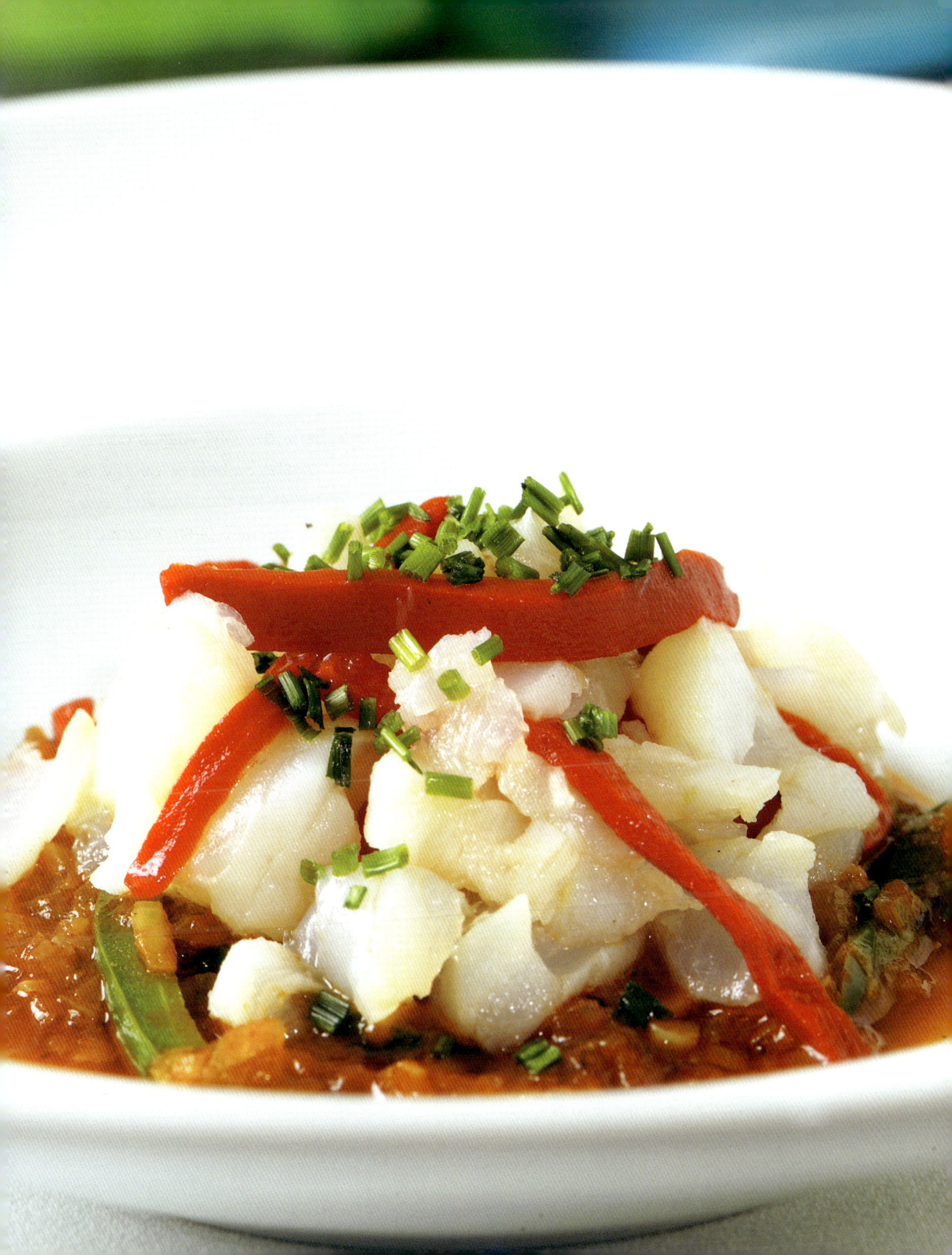

Dificultad: media
Preparación: 15 minutos
Cocción: 45 minutos

Cordero al chilindrón

Ingredientes para 4 personas

1/2 cordero lechal
200 g de jamón
3 pimientos rojos
5 tomates
1 cebolla
1 diente de ajo
1 taza de aceite de oliva
Pimienta
Sal

En una sartén con aceite caliente se fríe el ajo y se reserva. Se trocea el cordero, se salpimenta y se dora. Se incorpora el jamón cortado en dados pequeños y la cebolla muy fina. Cuando esté transparente, se agregan los pimientos cortados en trozos. Se le da unas vueltas con la cuchara y se agrega el tomate pelado, sin semillas y cortado en dados pequeños. Se deja que el cordero se vaya ablandando y se sirve cuando esté al punto.

El vino

Sírvase con un vino tinto con crianza de corte moderno de D.O. Navarra, de la variedad merlot, o con un vino tinto con poca crianza de D.O. Toro, elaborado con tinta de Toro.

> Si a medida que se cocina este plato se observa que va quedando muy seco, se añade al sofrito un poco de vino blanco o una taza de agua.

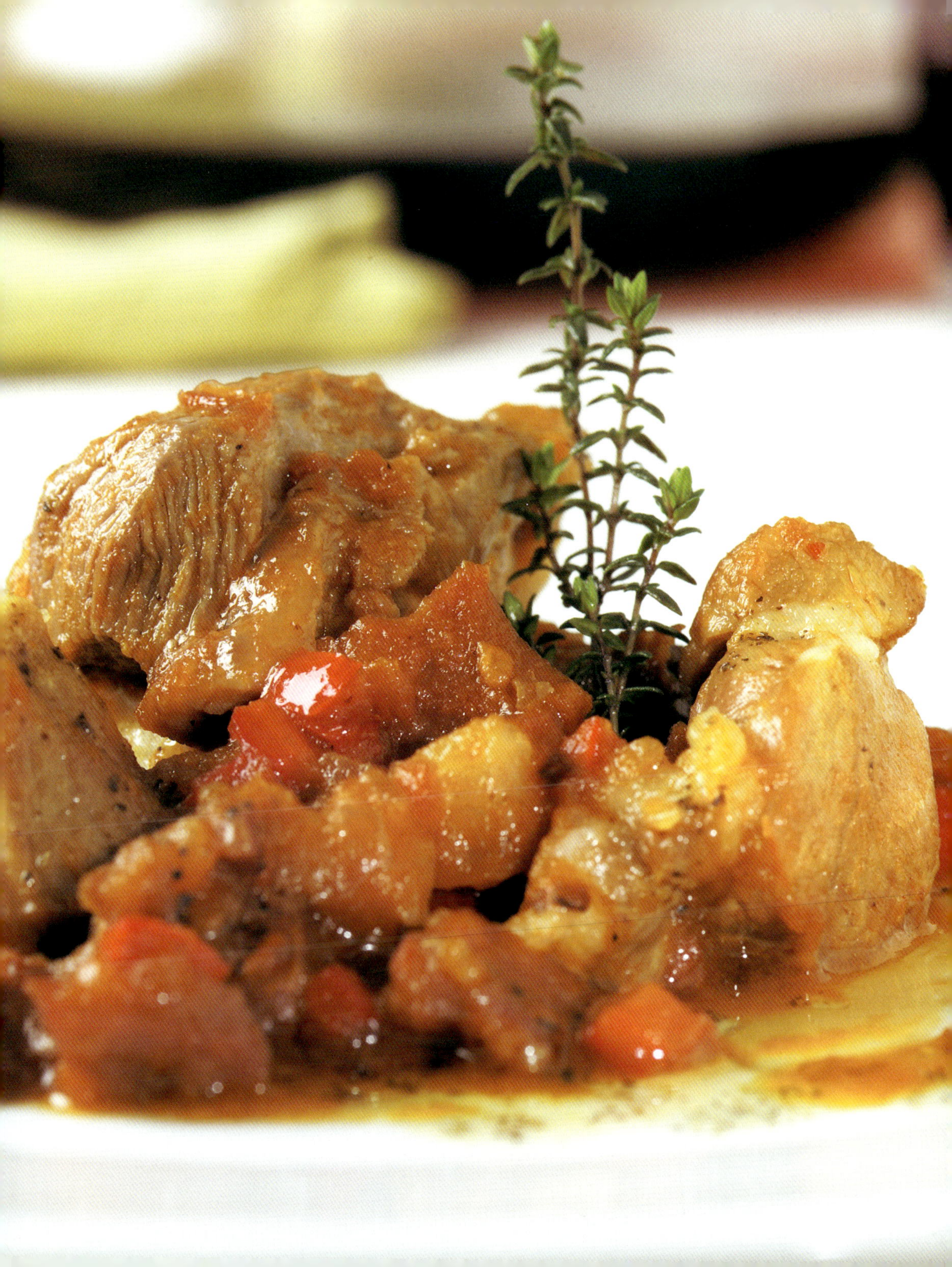

Dificultad: media
Preparación: 15 minutos
Cocción: 55 minutos

Patas de cordero en salsa

Ingredientes para 4 personas
1 kg de manitas de cordero
3 puerros
3 cebollas tiernas
2 zanahorias
1 tomate maduro
4 dientes de ajo
1 taza de aceite de oliva
1 cucharada de perejil picado
1/2 guindilla
1 taza de tomate sofrito
Sal
Agua

El vino
Acompañar de un vino tinto con crianza en barrica con D.O. Navarra, de las variedades cabernet sauvignon y merlot, o de un vino tinto con crianza de estilo moderno con D.O. Bierzo, de la variedad mencía.

Se cortan por la mitad las manitas de cordero y se ponen a cocer en agua abundante con una cucharada de sal. Se añaden los puerros limpios, las zanahorias y las cebollas peladas, los ajos y el tomate maduro. Se deja cocer todo hasta que las manos estén tiernas. Entonces se cuelan y se reservan las patas de cordero y las verduras.

En una sartén con aceite, se rehogan las verduras cocidas, se salan y se espolvorean con el perejil. Se incorpora la salsa de tomate, se da unas vueltas y se agrega la guindilla. Se riega con una taza del caldo de hervir las patas y se deja a fuego suave durante unos 20 minutos. Se pasa esta salsa por la batidora, retirando la guindilla, y se cuela. Se introducen en ella las patas de cordero y se cuecen a fuego bajo durante 15 minutos. Por último se sazona y se sirve.

En vez de guindilla, para dar el sabor picante característico puede servir una cucharadita de pimentón picante.

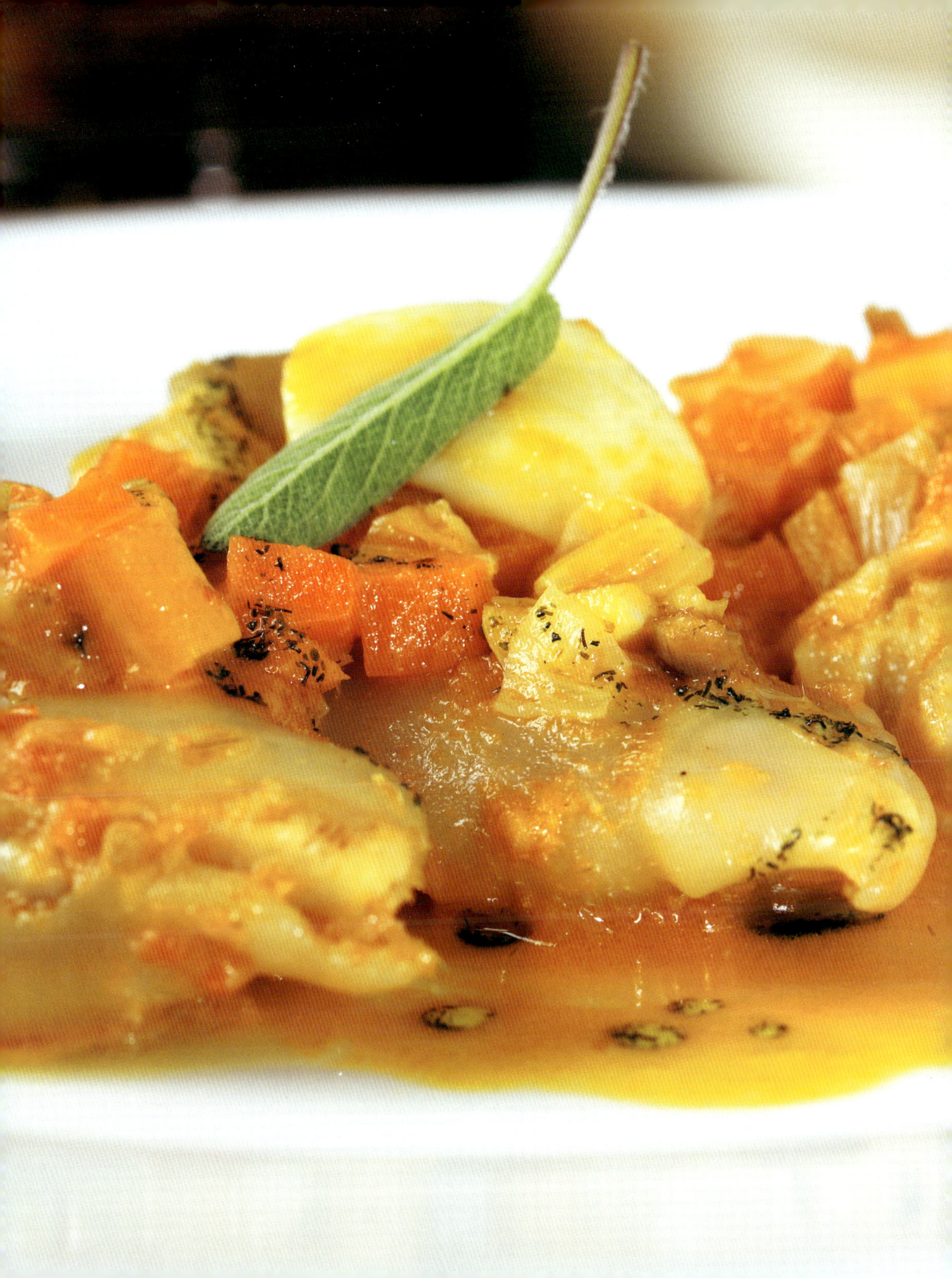

Dificultad: media
Preparación: 20 minutos
Cocción: 1 hora 10 minutos

Callos a la navarra

Ingredientes para 4 personas
800 g de callos
150 g de jamón
3 chorizos
1 cebolla
1 puerro
1 hoja de laurel
1 cucharadita de pimentón picante
2 tazas de sofrito de tomate
2 dientes de ajo
1 tacita de vinagre
1 taza de aceite de oliva
Sal

El vino
Sírvase con un vino tinto con crianza de D.O. Navarra, elaborado con tempranillo y diferentes variedades foráneas, o con un vino tinto de estilo moderno con crianza de D.O. Vinos de Madrid, de las variedades tempranillo, cabernet sauvignon y merlot.

Se lavan los callos con agua y un poco de vinagre. Una vez limpios, se ponen a cocer con el puerro, la cebolla cortada en cuartos, el laurel y sal. Se cuelan y se reservan.

En una cazuela con un poco de aceite se sofríe el jamón cortado en dados y los chorizos en rodajas. Se añaden el sofrito de tomate y los callos. Se espolvorea con el pimentón picante, se le da unas vueltas y se deja cocer a fuego suave unos 15 minutos, añadiendo si es necesario un poco del caldo de cocción de los callos.

Se pueden comprar los callos limpios y cocidos para ahorrar tiempo. Este plato está más sabroso si se deja reposar 24 horas antes de servirlo.

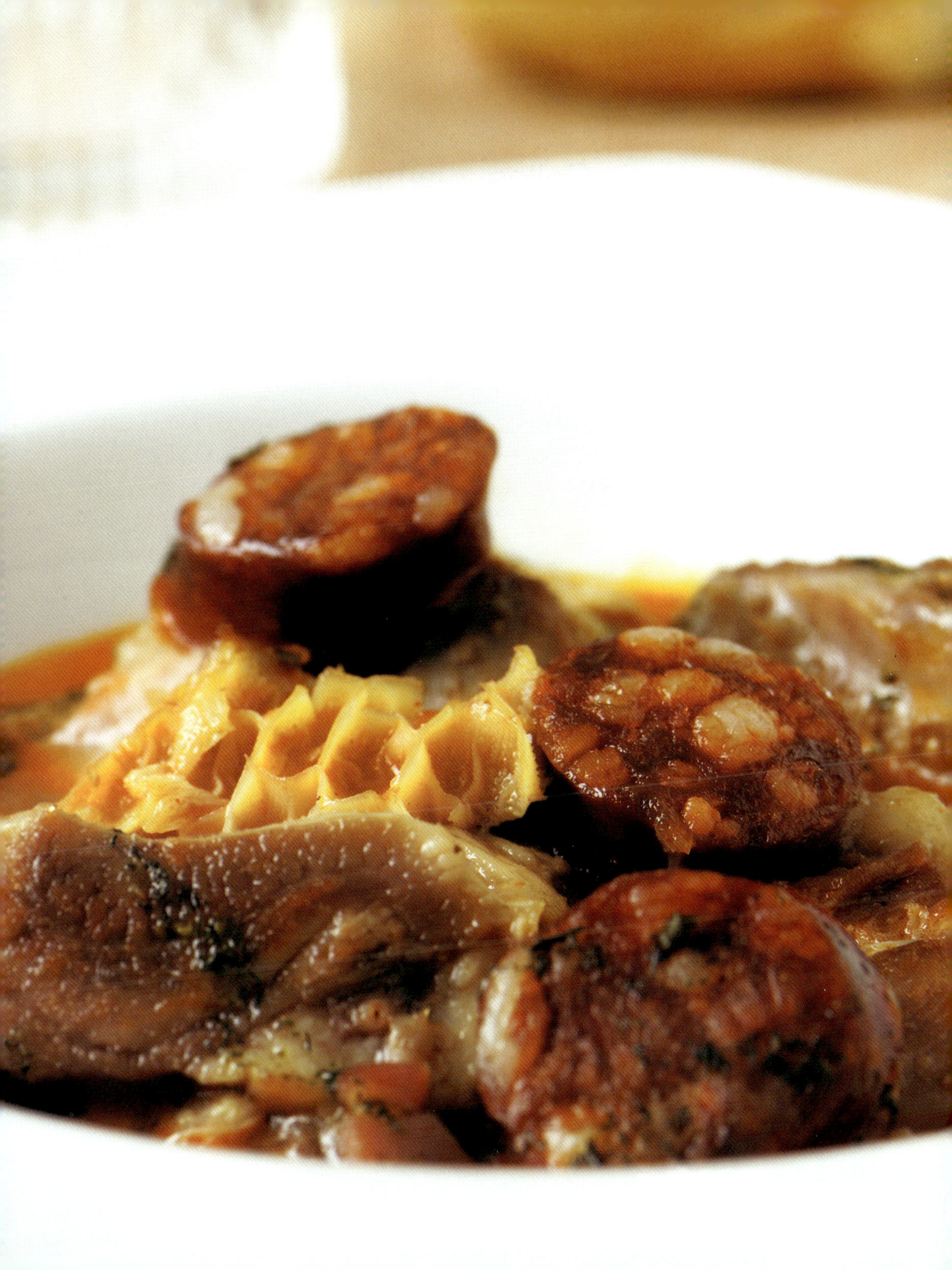

Dificultad: media
Preparación: 15 minutos
Cocción: 15 minutos

Trucha a la navarra

Ingredientes para 4 personas
4 truchas
4 lonchas de jamón
4 cucharadas de harina
1 cucharada de perejil
Sal
Aceite de oliva para freír

El vino

Sírvase con un vino blanco sin crianza de D.O. Navarra, de la variedad chardonnay, o con un vino tinto sin crianza de D.O. Bullas, elaborado con monastrell.

Se compran las truchas limpias y se lavan bajo el grifo, asegurándose de que no queden rastros de vísceras. Se secan con un paño. En la cavidad interna, se coloca una loncha de jamón. Se salpimenta por dentro y por fuera y se enharina. Se pone aceite abundante al fuego hasta que esté caliente y se fríen las truchas hasta que queden doradas uniformemente. Se sirven espolvoreadas con perejil.

> Esta receta puede hacerse con truchas de piscifactoría o de caña. Las de aguas vivas son las más sabrosas.

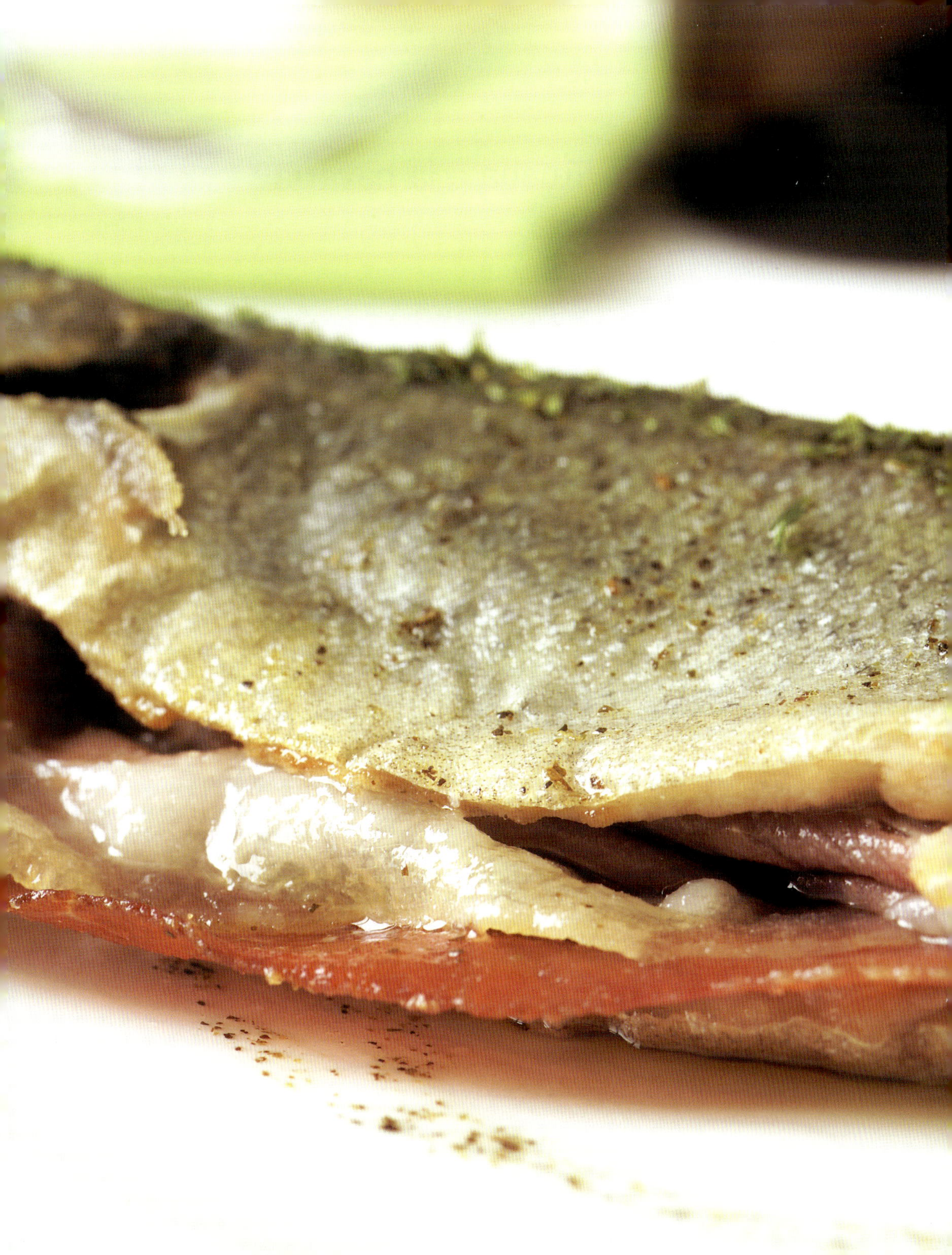

Dificultad: media
Preparación: 15 minutos
Cocción: 30 minutos

Merluza con piquillos

Ingredientes para 4 personas

8 rodajas de merluza
2 pimientos del piquillo
100 g de guisantes
8 espárragos
2 dientes de ajo
1/2 guindilla
1 taza de harina
1 cucharada de vinagre
1 taza de aceite de oliva
Sal

El vino

Sírvase con un vino blanco fermentado en barrica de D.O. Navarra, elaborado con viura y chardonnay, o con un vino blanco fermentado en barrica de D.O. Rías Baixas, de la variedad albariño.

Se hierven los espárragos y los guisantes por separado, se enfrían, se escurren y se reserva el caldo de cocción de los guisantes.

Se salan las rodajas de merluza, se rebozan con harina y se fríen en una sartén con aceite. Se retiran a una cazuela. En el mismo aceite se fríen los ajos cortados en láminas, la guindilla y los pimientos en tiras. Se riega el sofrito con el vinagre. Cuando los ajos estén dorados, se vierte el sofrito sobre la merluza y se añaden los guisantes y los espárragos. Se riega con un poco del caldo de los guisantes y se deja a fuego lento unos 8 minutos.

Se disuelve un poco de harina en agua tibia o en la del caldo de los guisantes y se agrega a la cazuela para que espese. Cuando arranque el hervor, se retira inmediatamente y se sirve.

> La merluza hay que freírla sólo ligeramente, procurando que quede algo cruda por dentro, porque la cocción final se le da en la cazuela.

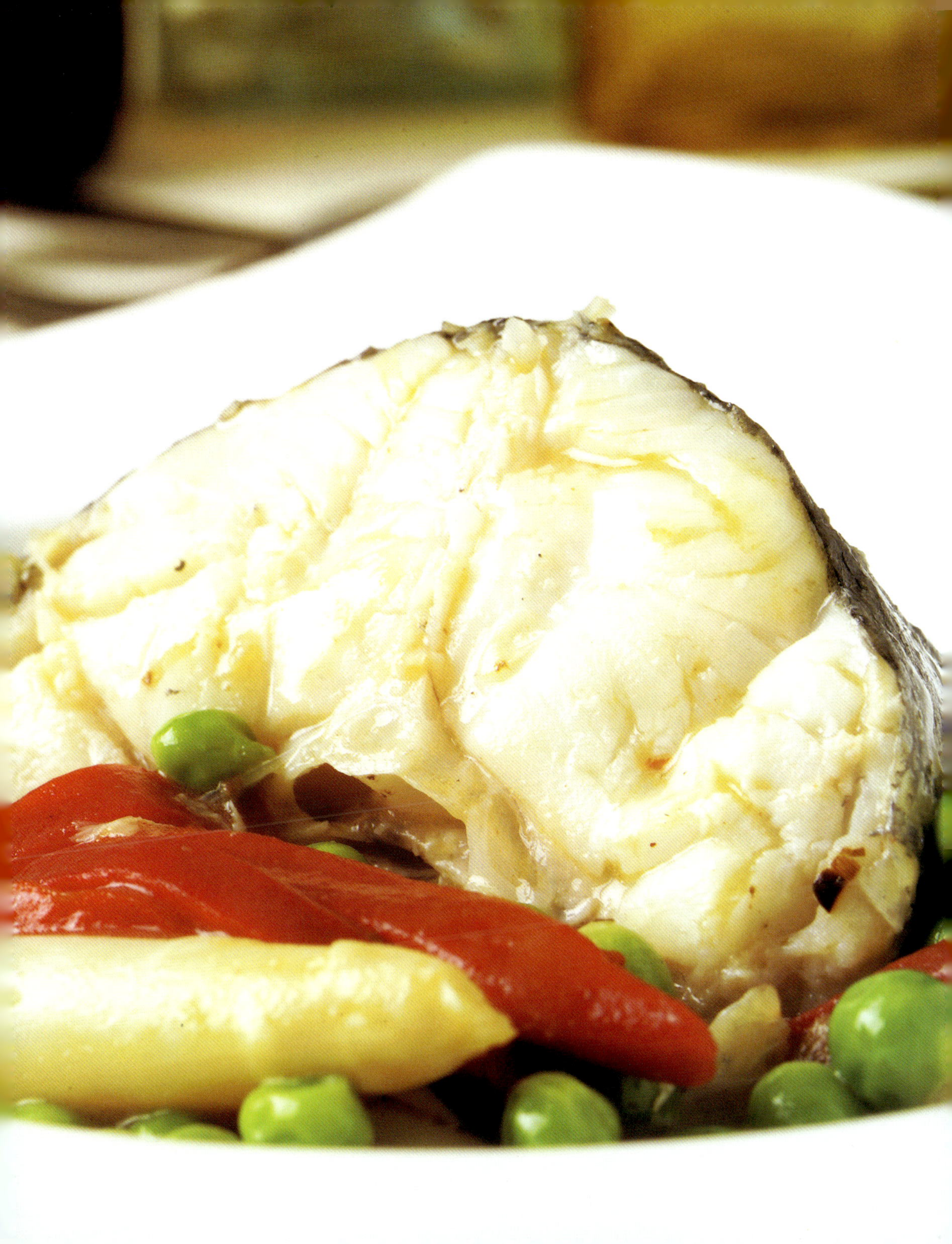

Dificultad: media
Preparación: 20 minutos
Cocción: 1 hora 15 minutos

Cabeza y corada

Ingredientes para 4 personas
2 cabezas de cordero lechal
1 asadura (corada)
2 cebollas
10 dientes de ajo
6 pimientos choriceros
1 taza de aceite de oliva
1 cucharada de harina
1 cucharada de perejil picado
1 vaso de vino blanco
1 copa de agraz
Bramante (o 4 cuerdas de cáñamo)
Agua
Sal

El vino
Sírvase con un vino tinto con crianza de D.O. Navarra, de la variedad garnacha tinta. o con un vino tinto de corte tradicional con crianza de D.O.Ca. Rioja, elaborado con tempranillo, mazuelo y graciano.

Se compran las cabezas de cordero cortadas en dos mitades, se lavan y se limpian con un paño. Se salan, se colocan dos dientes de ajo pelados en cada mitad y se espolvorean con perejil.

Aparte, se ponen en remojo los pimientos choriceros y se reservan. En una cazuela con aceite se incorporan las cabezas atadas con un bramante, para que no se salgan los sesos, y las asadurillas cortadas en dados. Cuando se hayan rehogado, se añaden las cebollas cortadas bien finas, dos dientes de ajo pelados y los pimientos choriceros, limpios y cortados.

Se mantiene la cocción a fuego medio unos minutos y entonces se vierte un vaso de agua, otro de vino, el agraz y la sal. Se deja cocer durante 1 hora a fuego lento.

En una sartén con aceite se fríe una cucharada de harina y se agrega a la cazuela. Se deja cocer hasta que la salsa espese y tome color. Antes de servir, se quita el bramante que sujetaba los sesos.

> Si el guiso queda corto de salsa, se puede añadir un poco más de vino o un poco de caldo.

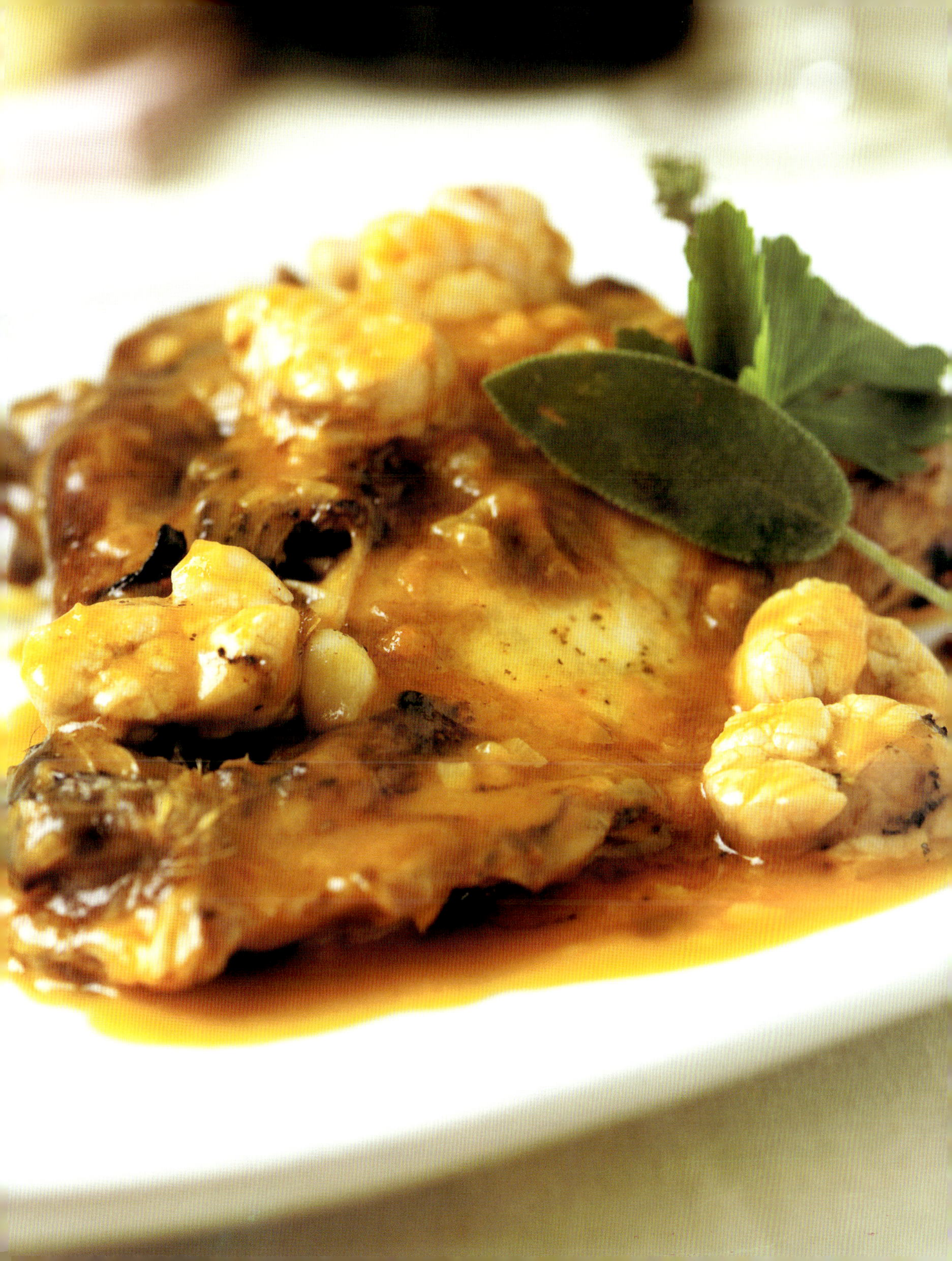

Dificultad: media
Preparación: 20 minutos
Cocción: 1 hora 40 minutos

Estofado de buey

Ingredientes para 4 personas
1 kg de carne de buey
3 patatas
2 tomates maduros
2 cebollas
2 puerros
4 dientes de ajo
1/2 l de vino tinto
1 vaso de agua
1 taza de vinagre
1 taza de aceite de oliva
1 cucharada de perejil
1 cucharadita de pimienta negra
1 hoja de laurel
1 taza de harina
Sal

El vino
Sírvase con un vino tinto con crianza de estilo moderno de D.O. Navarra, de la variedad cabernet sauvignon, o con un vino tinto con crianza y buen cuerpo de D.O. Toro, elaborado con tinta de Toro.

Se prepara carne de buey para estofar cortándola en trozos regulares. En una cazuela con aceite se sofríen las cebollas cortadas bien finas, los puerros en rodajas finas y los ajos picados. Cuando el sofrito esté avanzado, se añaden los trozos de carne, salpimentados y rebozados ligeramente con harina. Se remueven con una cuchara y, cuando la harina tome color, se añade el tomate. Se deja cocer 10 minutos y se cubre con el vino, el vinagre y el agua. Se incorporan la sal, el laurel y el perejil. Se deja cocer a fuego lento. Unos 2 minutos antes de acabar la cocción se retira la carne y se tritura la salsa.

Se vierte la salsa en una cazuela, se incorporan la carne y las patatas peladas y cortadas en dados y se lleva al fuego. Cuando las patatas estén tiernas, se retira y ya se puede servir.

Tradicionalmente, aunque es una costumbre ya en desuso, en temporada taurina se sustituía la carne de buey por toro de lidia.

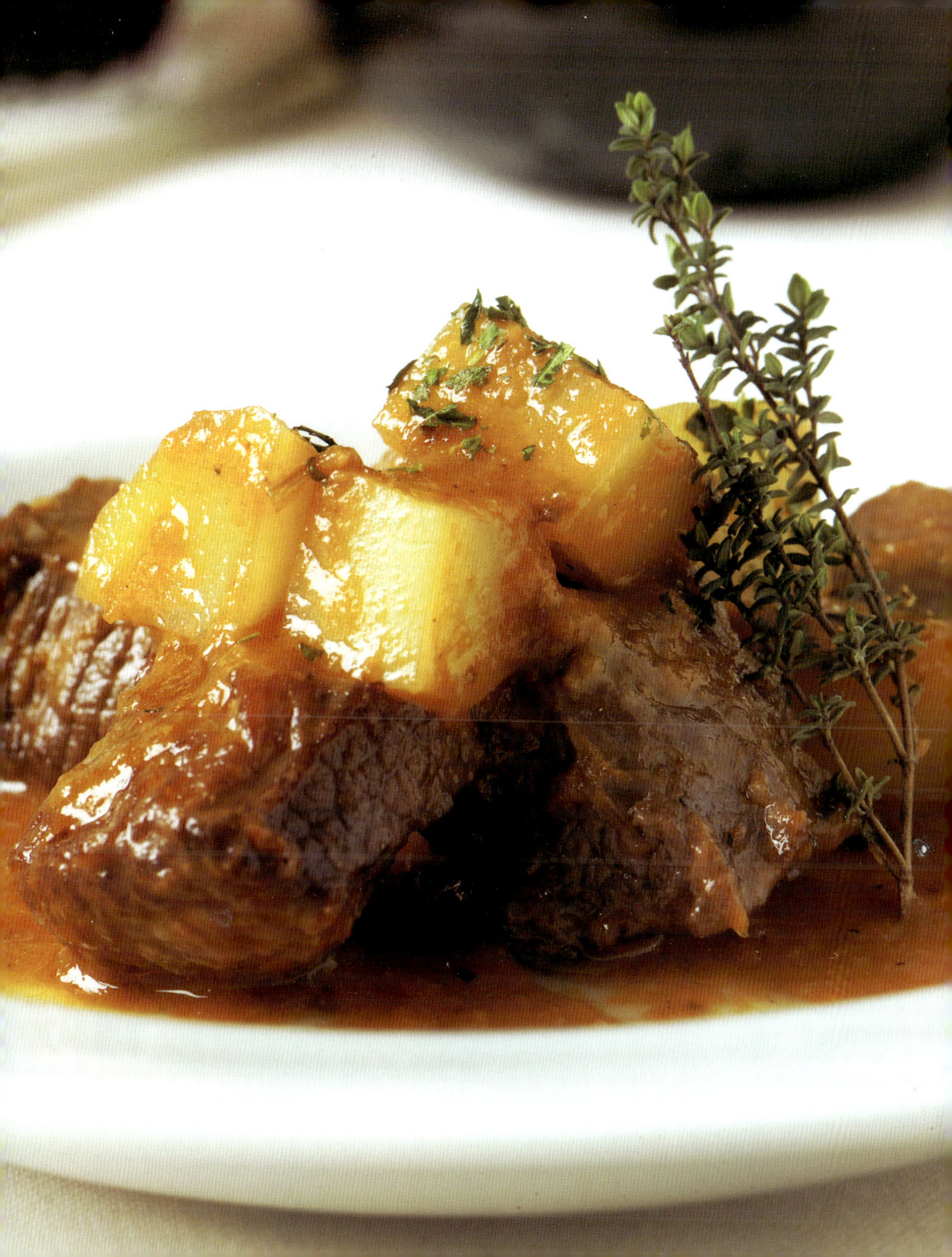

Dificultad: media
Preparación: 20 minutos
Cocción: 1 hora

Palomas guisadas

Ingredientes para 4 personas

4 palomas de escopeta
1 cebolla
2 puerros
4 dientes de ajo
1/2 l de vino tinto
1 vaso de vino blanco
1 hoja de laurel
8 granos de pimienta
1 taza de aceite de oliva
Sal
Agua

El vino

Servir con un vino tinto con poca crianza de D.O. Navarra, de las variedades merlot y cabernet sauvignon, o con un vino tinto con crianza de D.O. Manchuela, elaborado con la variedad portuguesa touriga nacional.

Se limpian las palomas de cañones y plumillas y se doran en una cazuela con aceite. Se retiran a otra cazuela.

Se cortan bien finos los puerros, aprovechando únicamente su parte blanca, las cebollas y los ajos. Se doran en la primera cazuela. Cuando estén blandas las verduras, se añaden el laurel y la pimienta, se da unas vueltas y se echan las palomas. Se dejan a fuego medio y se riegan con el vino tinto y blanco. Se agrega agua hasta que queden cubiertas. Se baja el fuego y se deja que las palomas vayan cociendo. Cuando estén tiernas se retiran, se pasa la salsa por el colador, se vierte en la cazuela y se incorporan las palomas partidas por la mitad. Se continúa la cocción unos 5 minutos y se sirven.

> Es importante cocinar las palomas al menos 4 días después de haberlas cazado, y conservarlas siempre en sitio fresco. Si se compran en el mercado hay que asegurarse de que no hayan sido cazadas el mismo día, pues la carne está mejor reposada.

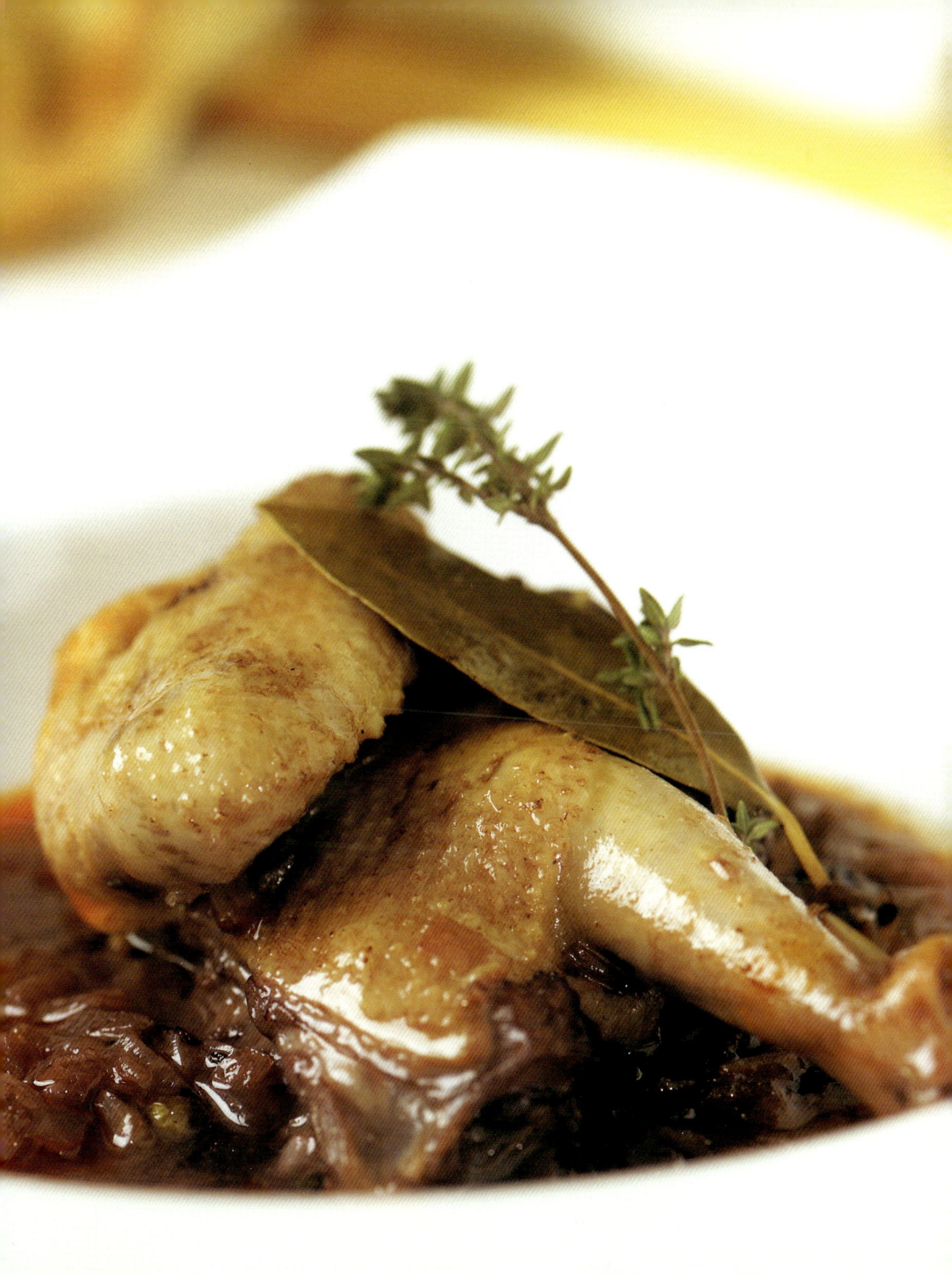

Dificultad: media
Preparación: 10 minutos
Cocción: 1 hora 30 minutos

Gorrín asado

Ingredientes para 4 personas
1 gorrín (cochinillo)
Sal
1 vaso de agua

El vino

Sírvase con un vino tinto reserva de D.O. Navarra, de las variedades cabernet sauvignon y tempranillo, o con un vino tinto con crianza de D.O. Ribera del Duero, elaborado con tinto fino.

Se prepara un gorrín, de entre 4 y 5 kilos, bien limpio y cortado, se sazona por todos los lados y se dispone en una bandeja de hornear. Se riega con un vaso de agua. Se precalienta el horno y se introduce el gorrín hora y media a 170º con la piel hacia arriba para que no se estropee la corteza. Este tiempo variará en función del peso del gorrín. Antes de servirlo, se aumenta la temperatura para que la piel quede de un color casi rojizo y bien crujiente. Se sirve acompañado de patatas panadera.

> El secreto del gorrín radica en que sea lechal. Si es de 4 o 5 kilos sólo habrá mamado y la carne es muy tierna. Debe quedar muy dorado por fuera pero por dentro hecho lo justo.

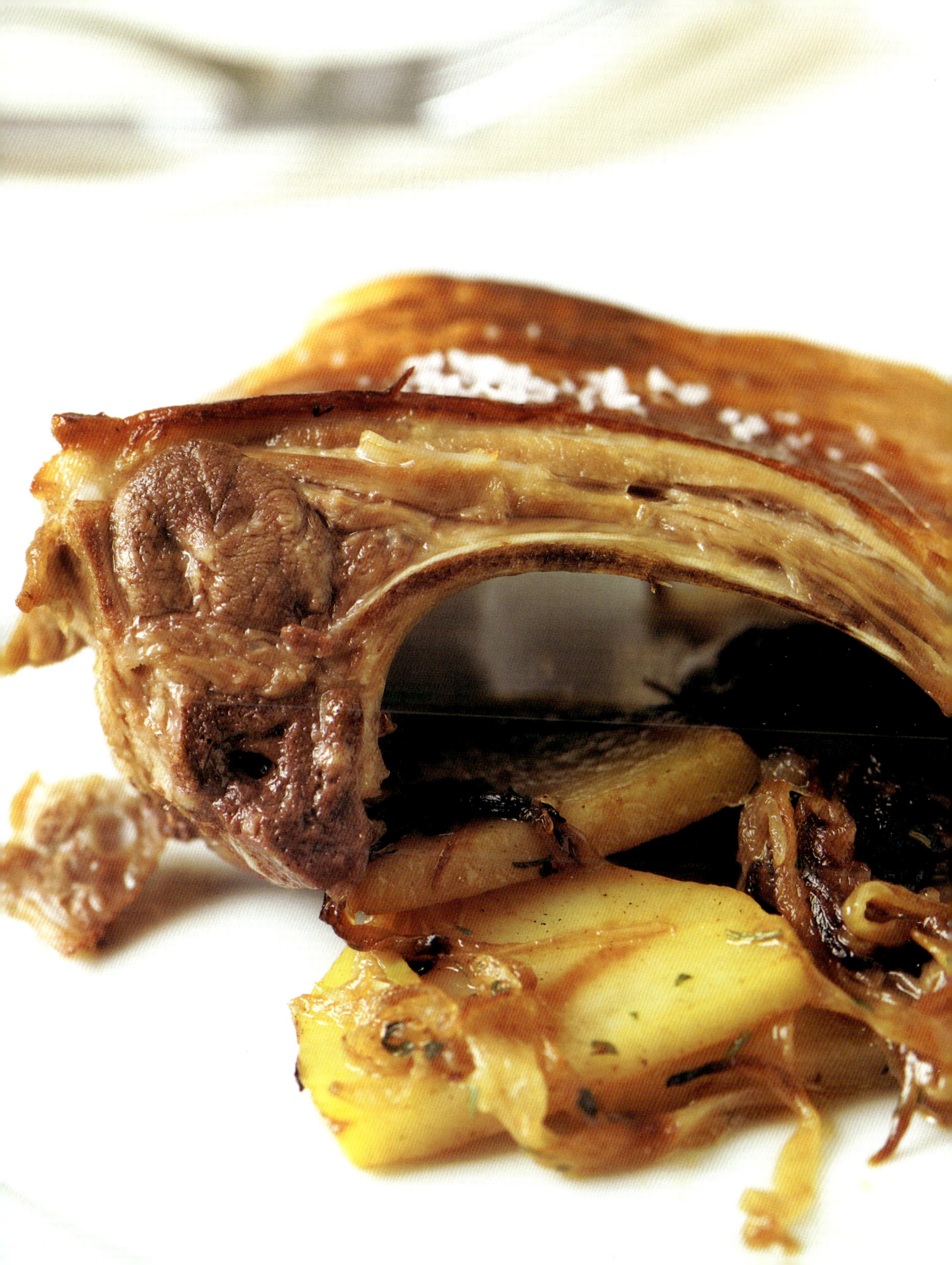

Dificultad: media
Preparación: 15 minutos
Cocción: 1 hora

Cordero asado

Ingredientes para 4 personas
1 pierna de cordero lechal
8 dientes de ajo
2 cucharadas de vinagre
2 vasos de agua
1 taza de aceite de oliva
Pimienta negra molida
1 copa de coñac
Sal

El vino

Acompañar de un vino tinto con crianza de estilo moderno con D.O. Navarra, elaborado con tempranillo, cabernet sauvignon y merlot, o de un vino tinto de crianza con D.O. Ribera del Duero, de las variedades tinto fino y garnacha.

Se sazona la carne con sal y pimienta; con la punta de un cuchillo se hacen incisiones en la carne y se introduce en cada una medio ajo pelado.

Se coloca la pierna de cordero en una fuente de hornear y se echa por encima un chorro de aceite. Se pone a horno fuerte y, cuando esté dorada, se añade a la fuente el agua, el vinagre, el coñac y un poquito de aceite. Se baja el horno a temperatura media y se deja durante 1 hora. Se riega periódicamente con el jugo de cocción. Se sirve con patatas panadera.

> En vez de vinagre se pueden añadir dos cucharadas de zumo de limón.

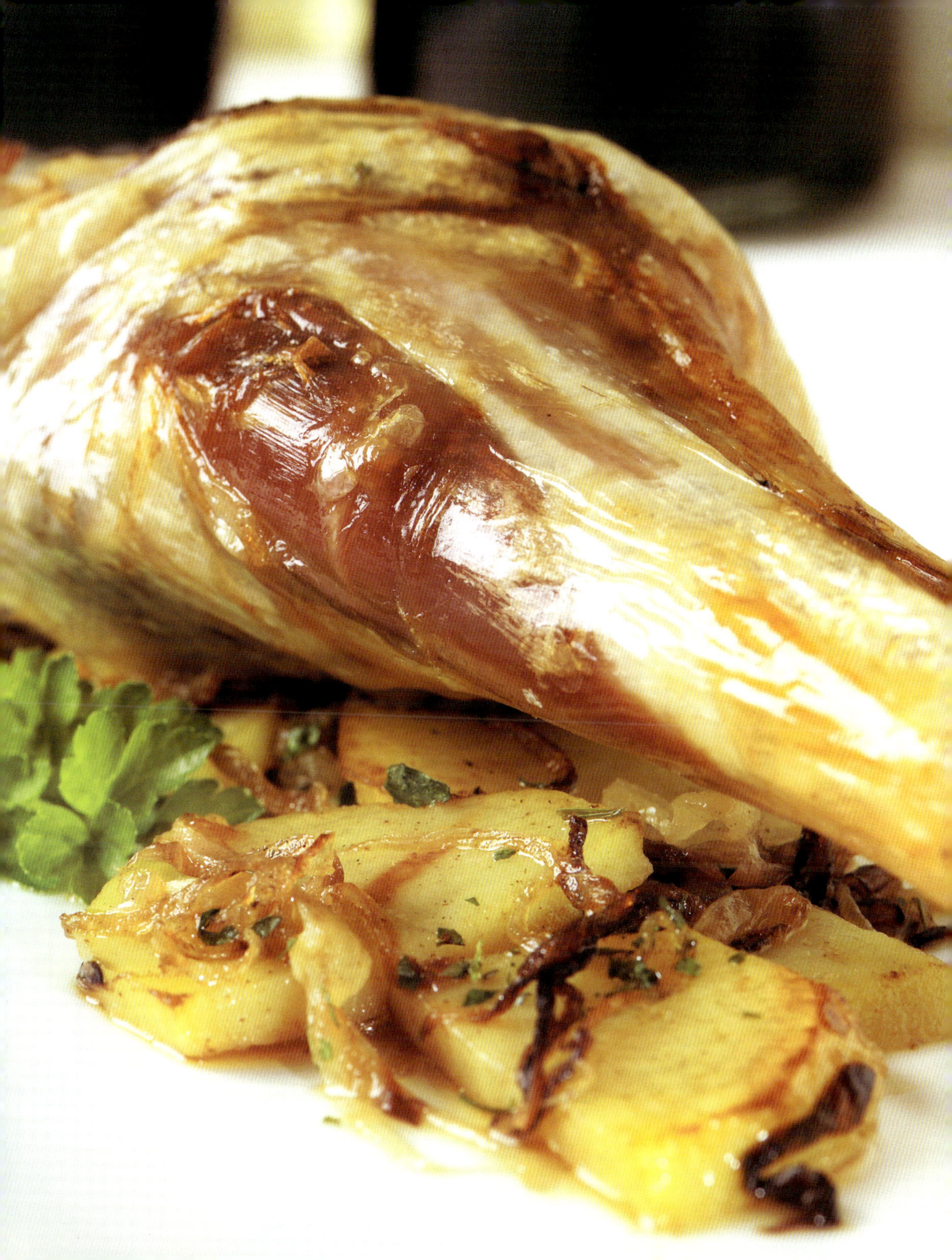

Dificultad: media
Preparación: 20 minutos
Cocción: 1 hora 15 minutos

Pato a la navarra

Ingredientes para 4 personas

1 pato
4 lonchas gruesas de tocino ibérico
2 cucharadas de paté de hígado de oca
2 cebollas tiernas
4 dientes de ajo
3 tomates
2 pimientos verdes
2 pimientos rojos
Pimienta blanca
Sal
1 tacita de aceite de oliva
1 taza de vino blanco
1 copa de coñac

El vino

Sírvase con un vino tinto con crianza, sin mucho cuerpo, de D.O. Navarra, de la variedad garnacha tinta, o con un vino tinto con crianza de la Tierra del Terrerazo, elaborado con bobal, cabernet, merlot y otras.

Se compra un pato entero, a ser posible que no lo abran mucho. Se sala por dentro y por fuera y se espolvorea con un poco de pimienta.

En una sartén con un poco de aceite se prepara el relleno. En primer lugar, se sofríe el tocino cortado en dados, se incorporan las cebollas bien picadas y se le echa un poco de sal y pimienta. Cuando esté pochado, se añade el paté, se le da unas vueltas y se rellena el pato con esta mezcla. Se cose para que cierre perfectamente.

En una fuente de hornear se hace un lecho con los tomates cortados, los ajos enteros y los pimientos sin pedúnculos ni semillas y cortados en tiras. Se coloca encima el pato y se riega con el coñac y el vino blanco. Se introduce en el horno a 170º durante 1 hora tapado con papel de aluminio para que no se queme.

Se retira y se coloca en la fuente de servicio.

El paté de hígado de oca y el tocino ibérico hacen el relleno especialmente sabroso, aunque también pueden utilizarse otros tipos de paté y jamón más económicos.

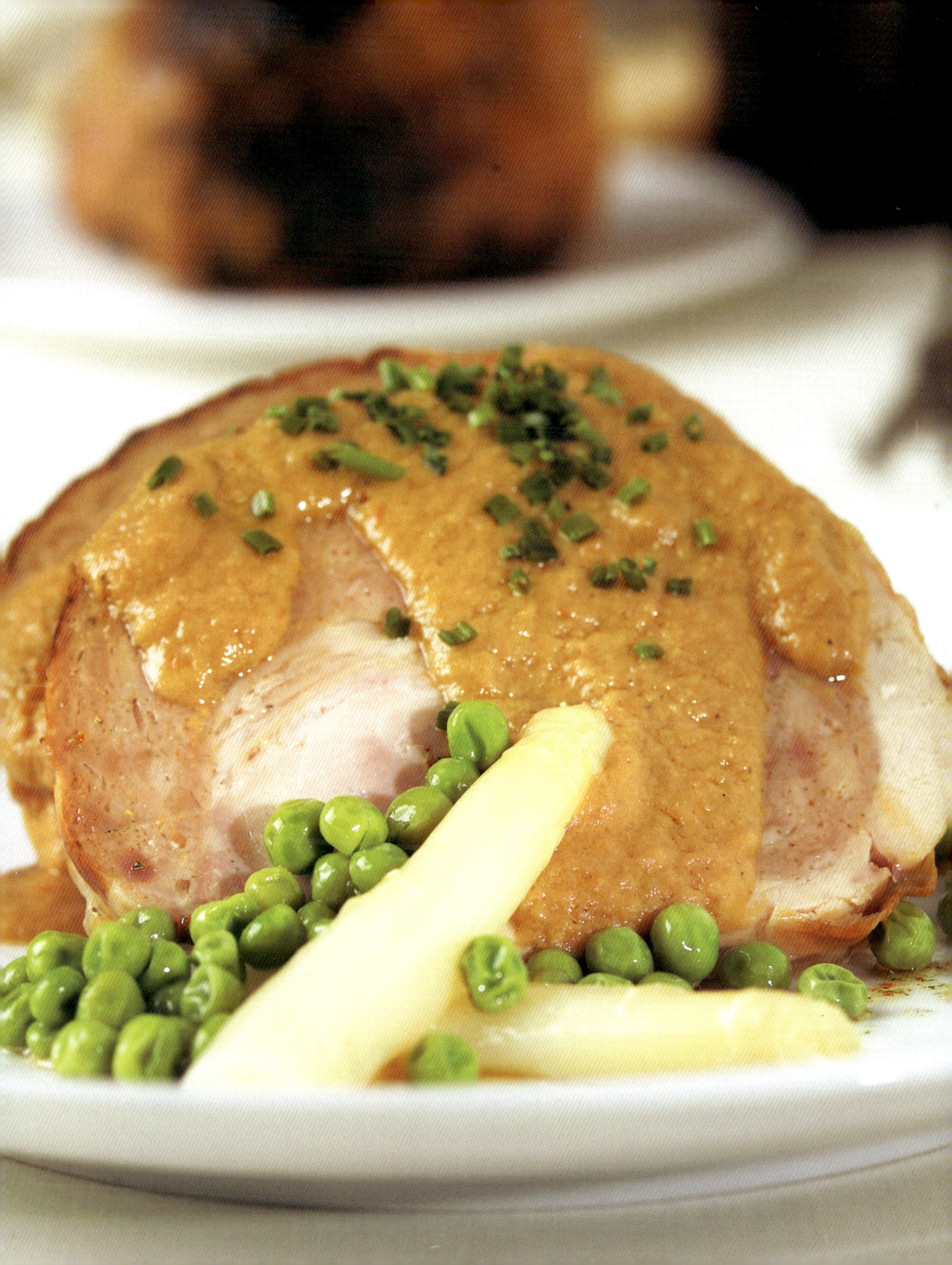

Dificultad: media
Preparación: 20 minutos más el tiempo de maceración
Cocción: 1 hora 15 minutos

Palomas en adobo

Ingredientes para 4 personas

4 palomas de escopeta
150 g de tocino
100 g de jamón
1 puerro
1 hoja de laurel
2 cebollas tiernas
1/2 l de vino tinto
1 copa de vinagre
1 cabeza de ajos
3 rebanadas de pan
1 taza de aceite de oliva
Sal

El vino

Sírvase con un vino tinto con poca crianza de D.O. Navarra, elaborado con tempranillo y un poco de cabernet sauvignon, o con un vino tinto de poca crianza de D.O. Bierzo, de la variedad mencía.

Se limpian las palomas y se colocan en una cazuela con el vino, el vinagre, los ajos aplastados con el cuchillo, el puerro y la cebolla cortados en láminas y el laurel. Se dejan macerar en la nevera durante 12 horas.

En una cazuela con aceite se dora el tocino cortado en dados y se añade el jamón en trocitos. Cuando ambos hayan soltado su grasa, se retiran y se fríen en la misma cazuela las palomas limpias de la maceración y escurridas. Cuando adquieran un color dorado, se incorporan las verduras del adobo junto con el tocino y el jamón. Se rehoga todo durante 10 minutos a fuego suave y entonces se vierte el líquido del adobo que se tenía reservado. Se deja que continúe la cocción a fuego suave.

Se retiran las palomas y se colocan en una fuente. Se tritura la salsa y se cuela en una cazuela, donde se incorporan las palomas cortadas por la mitad. Se dejan a fuego medio durante 5 minutos. Se fríe el pan en aceite y se sirven las palomas con el pan frito.

Cuando la salsa esté ya colada se le añade una nuez de mantequilla y se remueve enérgicamente con una cuchara hasta que se integre en la salsa, de forma que ésta quede más brillante.

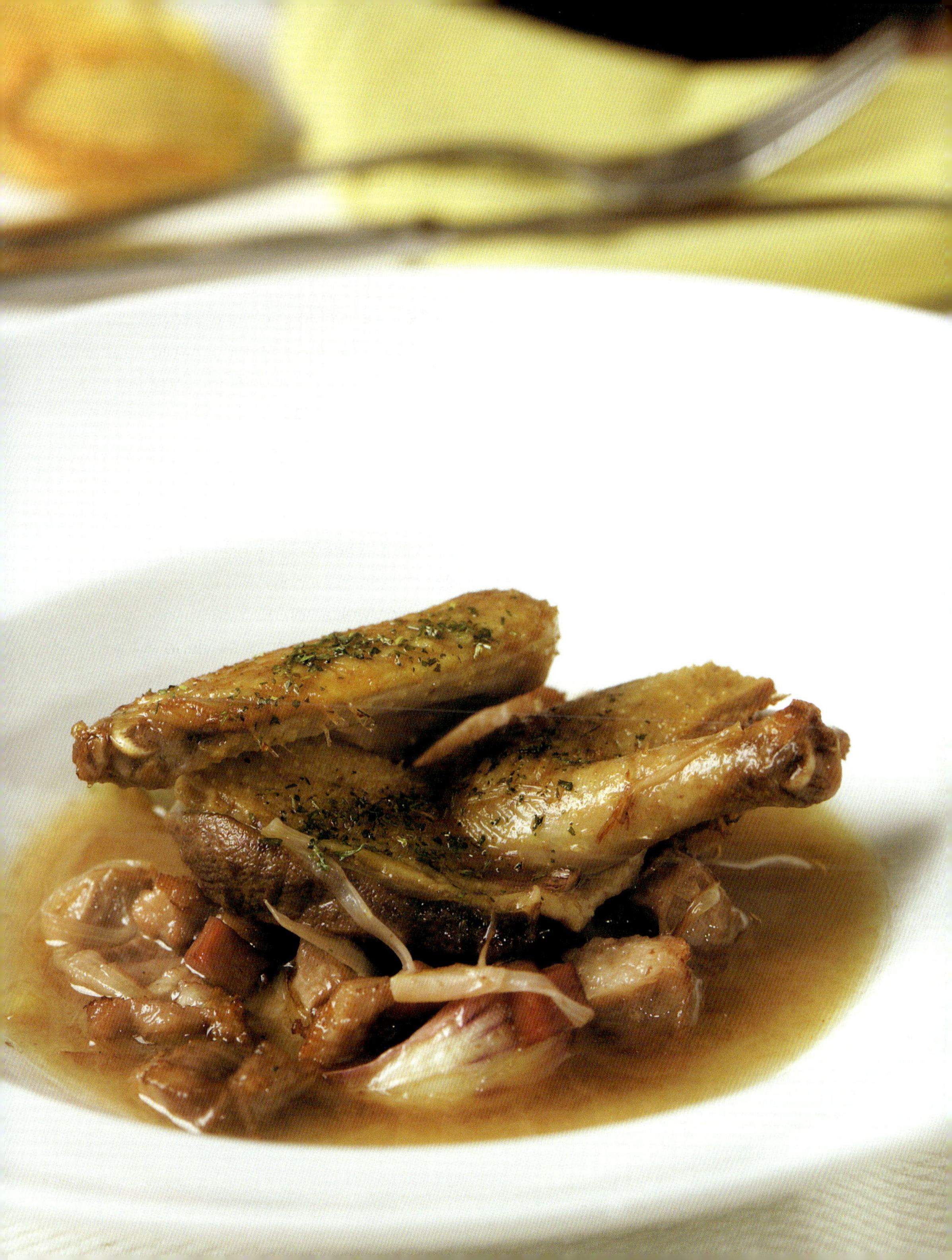

Dificultad: media
Preparación: 20 minutos
Cocción: 25 minutos si las pochas son en conserva o 2 horas si son frescas

Pochas con codornices

Ingredientes para 4 personas
1 kg de pochas en conserva (o 1,5 kg de pochas frescas)
4 codornices
8 rodajas de chorizo
100 g de jamón
1 zanahoria
1 puerro
6 dientes de ajo
1 taza de aceite de oliva
Sal

El vino
Sírvase con un vino tinto con crianza de Ribera del Queiles, elaborado con tempranillo y un pequeño porcentaje de cabernet sauvignon, o con un vino tinto con crianza de estilo tradicional de D.O.Ca. Rioja, de las variedades tempranillo y graciano.

Se pasan las codornices por la llama para que queden limpias de plumas y se reservan. En una olla se ponen la zanahoria y el puerro limpios con las pochas, el agua y la sal, y se dejan cocer 5 minutos a fuego lento si se utilizan pochas en conserva (si son frescas deben ponerse en remojo el día anterior y cocerlas durante 1 hora 30 minutos). Cuando estén al punto se añaden el chorizo y el jamón cortado en dados.

Aparte, en una cazuela con aceite se colocan los dientes de ajo picados y las codornices limpias. Se rehogan a fuego lento y, cuando estén casi hechas, se incorporan a las pochas. Se corrige el exceso de líquido. Se deja cocer el conjunto durante 15 minutos y se sirve.

> Es costumbre acompañar este plato con una guindilla verde.

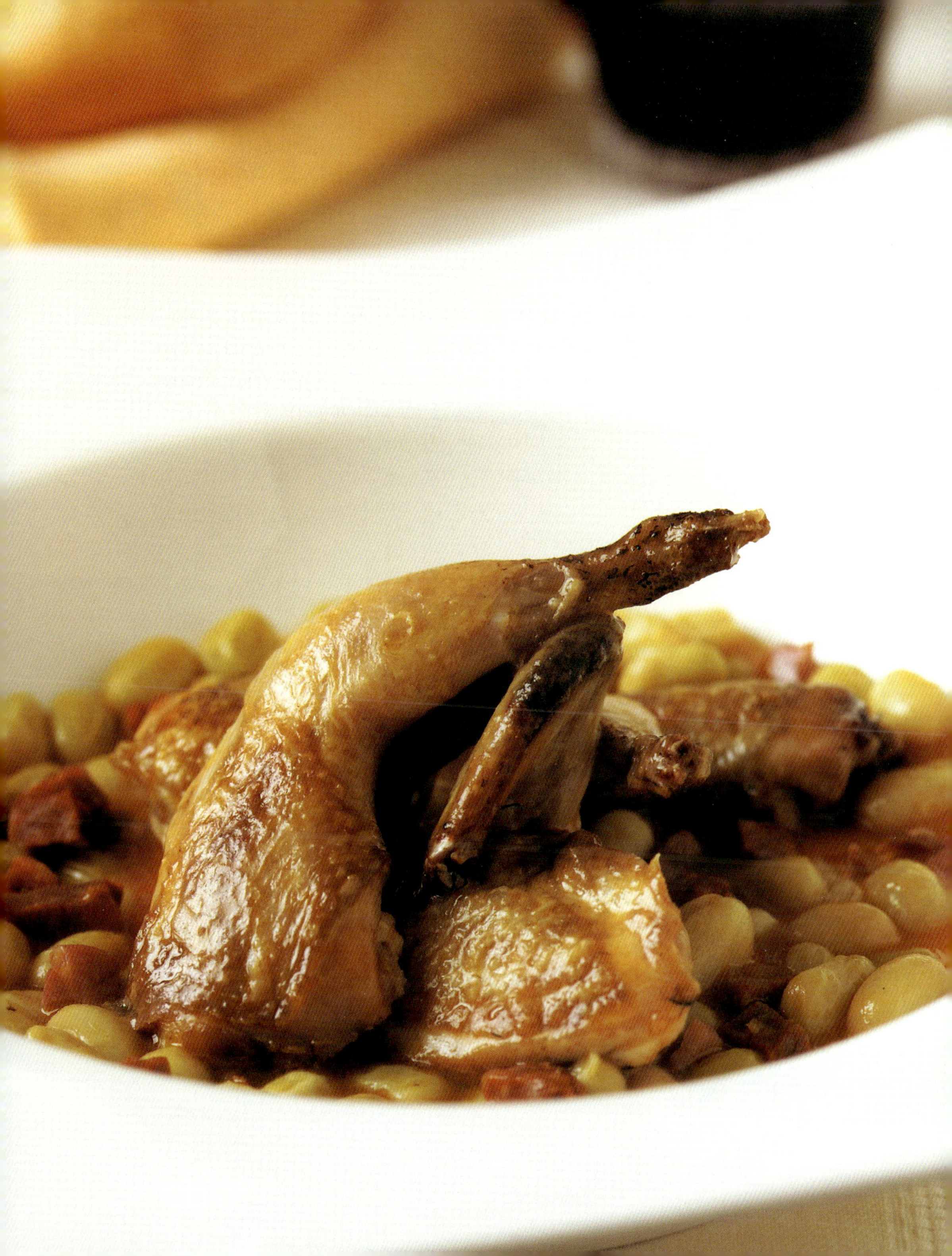

Dificultad: media
Preparación: 20 minutos
Cocción: 1 hora 15 minutos

Lengua de cordero guisada

Ingredientes para 4 personas

4 lenguas de cordero
1 puerro
1 cebolla
1 zanahoria
2 patatas
1 pimiento verde
1 hoja de laurel
1 pimiento del piquillo en conserva
2 dientes de ajo
1 loncha de jamón
1 vasito de vino blanco
6 granos de pimienta negra
1 vaso de agua o caldo de carne
1 cucharada de harina
1 cucharada de perejil
1 taza de aceite de oliva
Sal

El vino

Sírvase con un vino tinto con crianza de D.O. Navarra, elaborado con cabernet sauvignon y merlot, o con un vino tinto Reserva de corte tradicional de D.O. La Mancha, de la variedad cencibel.

Se ponen a cocer las lenguas con el puerro, la zanahoria, el laurel y la sal. Cuando estén cocidas, se reservan por un lado las lenguas y por otro el caldo de la cocción.

En una cazuela con aceite se fríen las cebollas, los ajos y los pimientos picados. Se corta el jamón en dados y se incorpora al sofrito. Se pelan las patatas, se cortan en dados y se sofríen un poco. Cuando tomen algo de color, se espolvorea una cucharada de harina y se da unas vueltas. Se riega entonces con el vino blanco y el agua, se añaden los granos de pimienta y cuando arranque el hervor se baja el fuego y se deja cocer 10 minutos.

Se cortan las lenguas de cordero como en escalopes y se ponen a cocer con las patatas. Si es necesario se añade un poco más de agua del caldo en el que han hervido. Se dejan cocer 10 minutos más y ya se pueden servir. Se decora con el pimiento del piquillo en conserva y el perejil.

Si se compran lenguas de cordero ya cocidas y limpias, el plato resulta mucho más sencillo. Las lenguas de cordero se pueden cocinar en lonchas finas y elaborar como si fueran libritos, rellenas de paté o de queso, rebozadas y fritas.

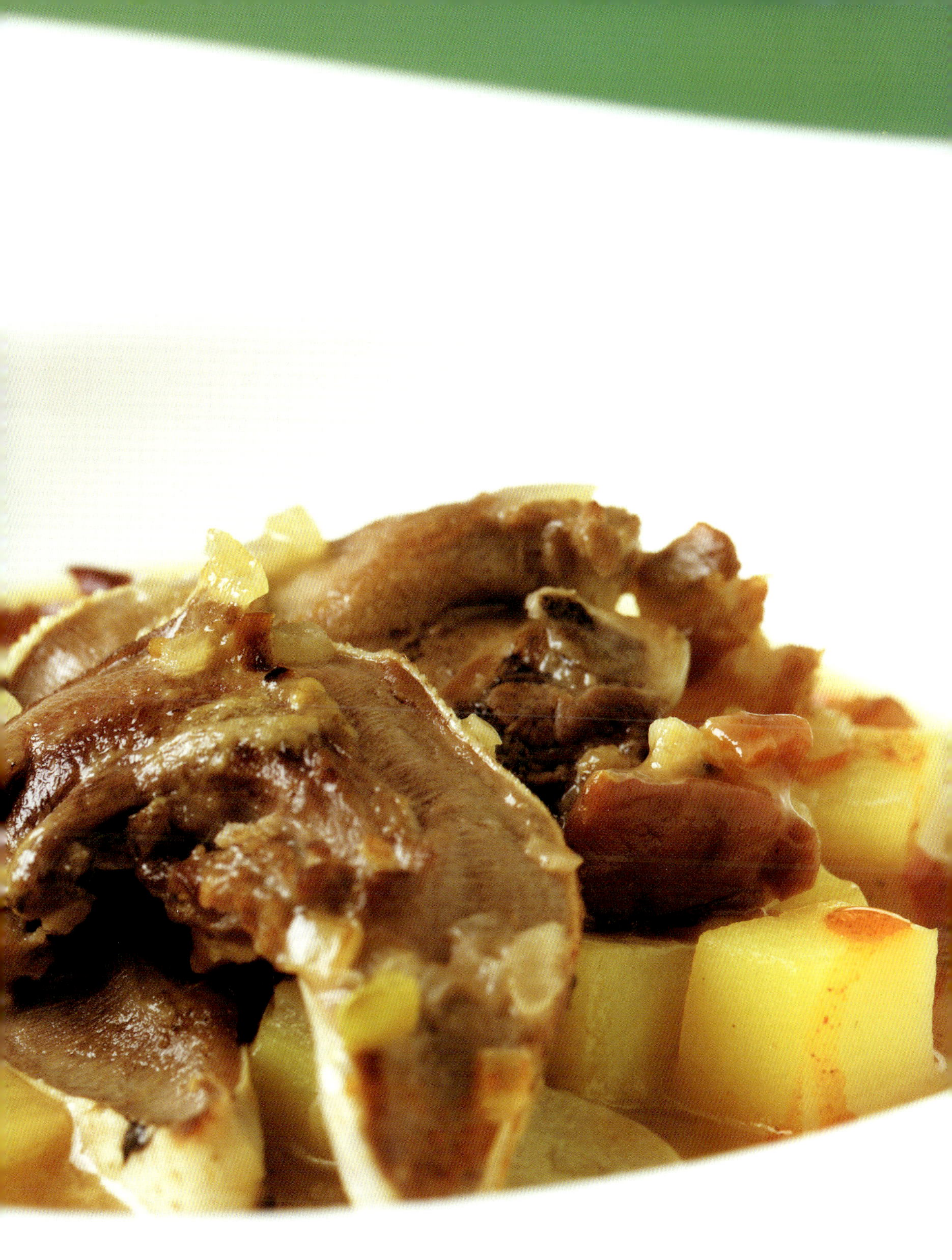

Dificultad: media
Preparación: 20 minutos
Cocción: 1 hora 45 minutos

Capón asado

Ingredientes para 4 personas
1 capón
150 g de tocino ibérico
2 manzanas
3 dientes de ajo
1 tacita de ciruelas secas
1 copa de brandy
2 cucharadas de manteca de cerdo
Sal
Pimienta

El vino
Sírvase con un vino tinto de poca crianza de D.O. Navarra, de la variedad tempranillo, o con un vino tinto con crianza de D.O. Alicante, elaborado con distintas variedades foráneas.

Se salpimenta el capón por dentro y por fuera y se reserva en lugar fresco mientras se prepara el relleno.

Se rehogan el tocino ibérico cortado en dados y las manzanas sin el corazón y partidas en cuartos. Se añaden las ciruelas, se les da unas vueltas en la grasa y se vierte la copa de brandy. Con esta mezcla se rellena el capón, se colocan en su interior dos o tres ajos pelados y se cose la abertura. Se unta toda la pieza con la manteca de cerdo y se introduce en el horno a temperatura alta.

Cuando se empiece a dorar se baja el fuego a temperatura media y se rocía periódicamente con el jugo de cocción. Cuando esté bien dorado se retira y se sirve con su salsa.

> El tiempo de cocción dependerá del peso del ave. En cuanto esté dorada, se cubre con papel de aluminio para que no se queme.

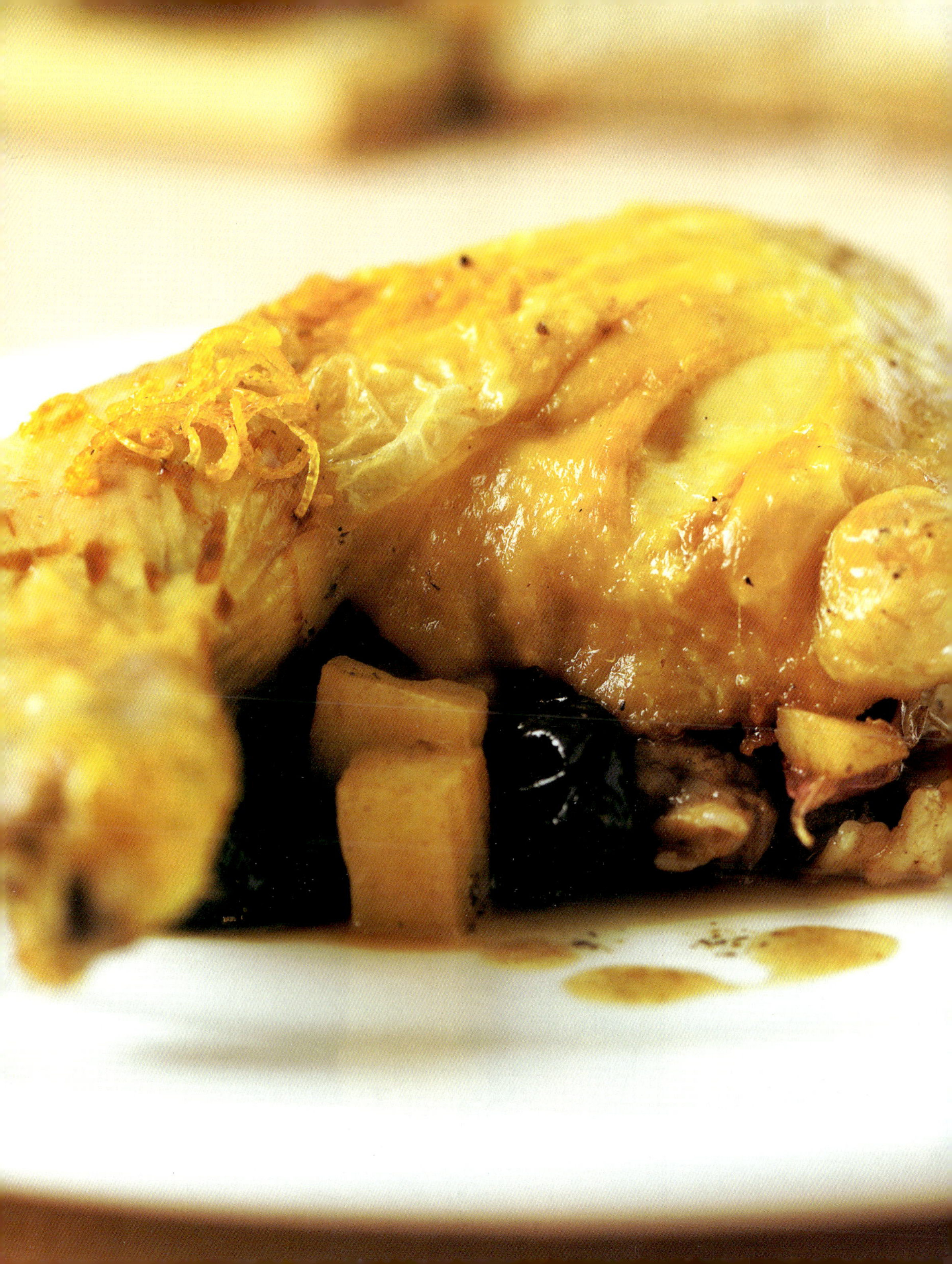

Dificultad: media
Preparación: 15 minutos
Cocción: 1 hora

Gallina en pepitoria

Ingredientes para 4 personas

1 gallina
1 pimiento rojo
1 pimiento verde
2 zanahorias
1 cebolla
4 dientes de ajo
1 cucharada de perejil picado
1 tacita de aceite de oliva
1/2 l de caldo de ave
Sal
Pimienta negra

El vino

Sírvase con un vino blanco fermentado y criado en barrica de D.O. Navarra, de la variedad chardonnay, o con un vino tinto con poca barrica de la Tierra de Castilla, elaborado con tempranillo.

Se corta la gallina en octavos y con las tijeras se recorta el tejido graso. Se salpimenta y en una cazuela con aceite caliente se dora uniformemente.

Se cortan bien finas las zanahorias, la cebolla, los pimientos y los ajos, y se incorporan las verduras a la gallina. Se añade un poco de sal y se deja que se vaya cocinando. Se riega con el caldo de ave caliente, se añade el perejil y se continúa la cocción hasta que la gallina esté tierna.

Se pueden añadir unas hierbas aromáticas como tomillo, romero o similar. También es conveniente agregar verduras en abundancia, porque es conveniente que la primera cocción de la gallina se haga con ellas.

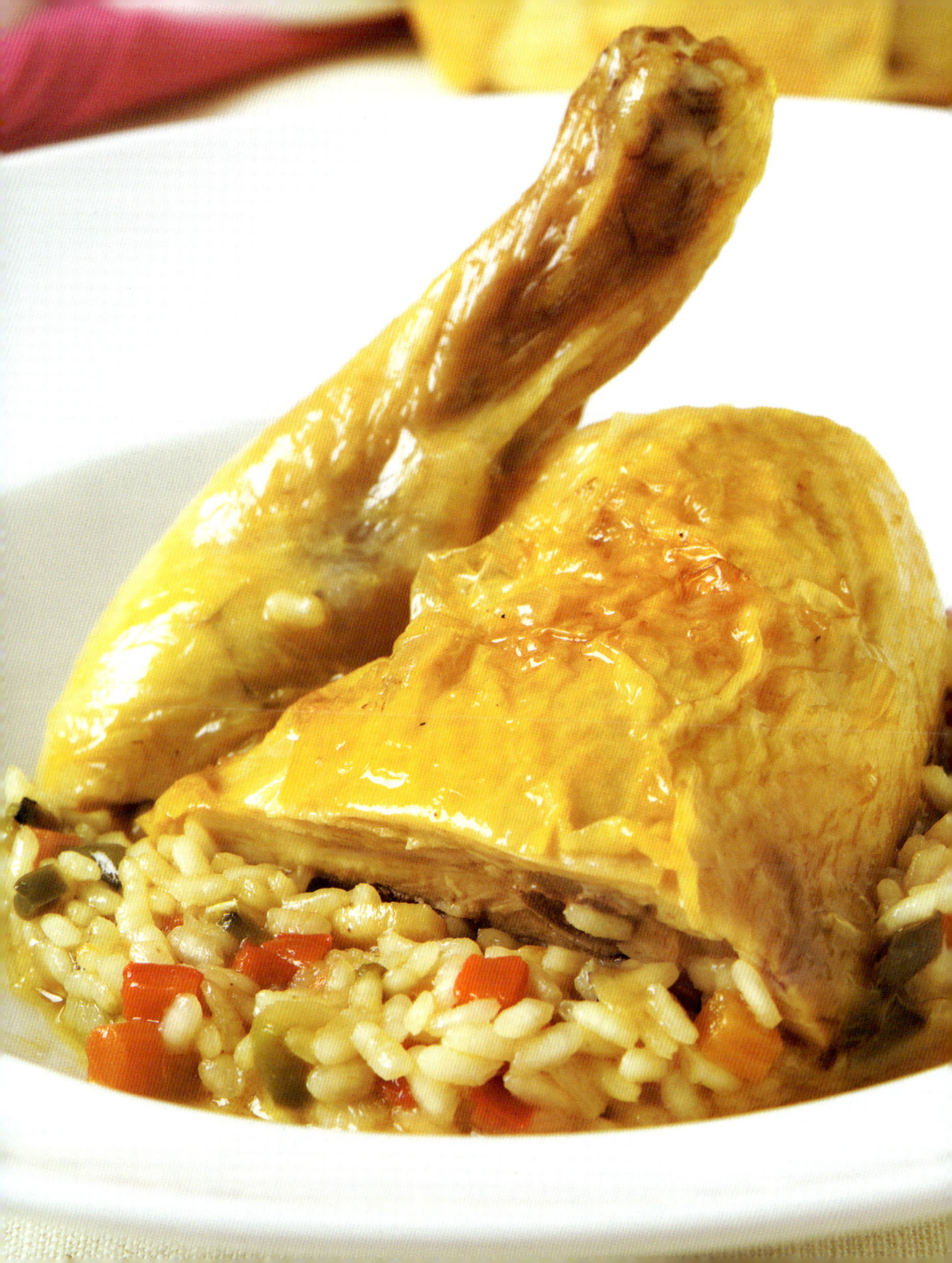

Dificultad: media
Tiempo: 20 minutos
Cocción: 45 minutos

Palomas de Echalar

Ingredientes para 4 personas
4 palomas
1 cebolla
4 dientes de ajo
1 puerro
1 vaso de vino tinto
Laurel
Pimienta negra
Aceite de oliva
Sal

El vino
Acompañar de un vino tinto con crianza de la D.O. Navarra, elaborado con merlot y cabernet sauvignon, o de un vino con crianza con D.O. Utiel-Requena, de la variedad bobal con un pequeño porcentaje de variedades foráneas.

Se doran las palomas en una cazuela con aceite. Cuando estén doradas se reservan.

En la misma cazuela se pochan las verduras, previamente lavadas y cortadas finamente. Se añaden el laurel, la pimienta y la sal. Cuando la verdura esté lista se vierte sobre las palomas, que se habrán colocado en una cazuela de barro. Se agrega el vino y agua y se deja la cazuela a fuego lento hasta que las palomas queden tiernas. Cuando estén al punto se apartan y se reservan.

Se pasa la salsa por un colador fino y se sirven las palomas junto con esta salsa.

> Para una mejor presentación puede servirse cada paloma con su salsa en cazuela de barro individual.

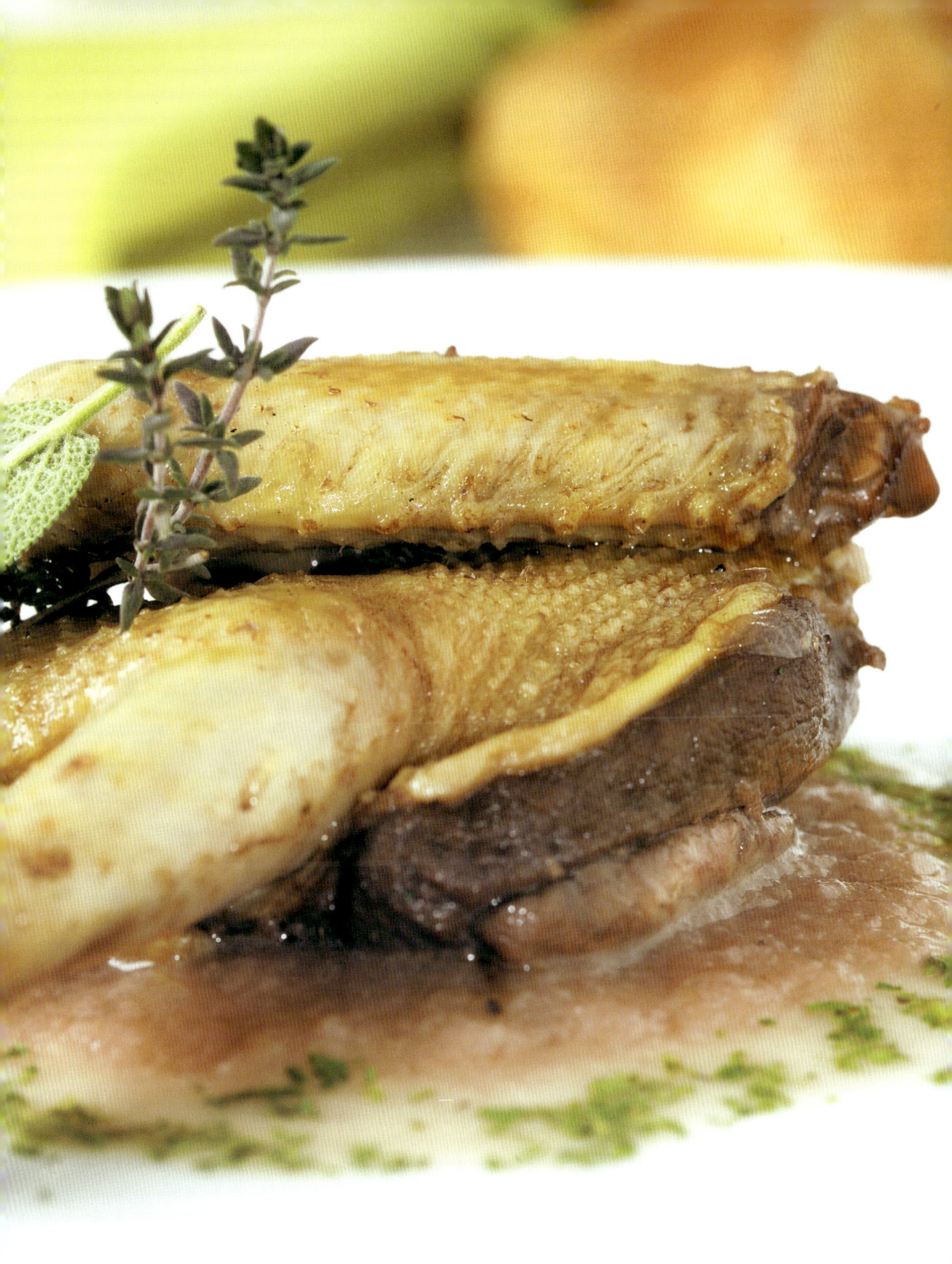

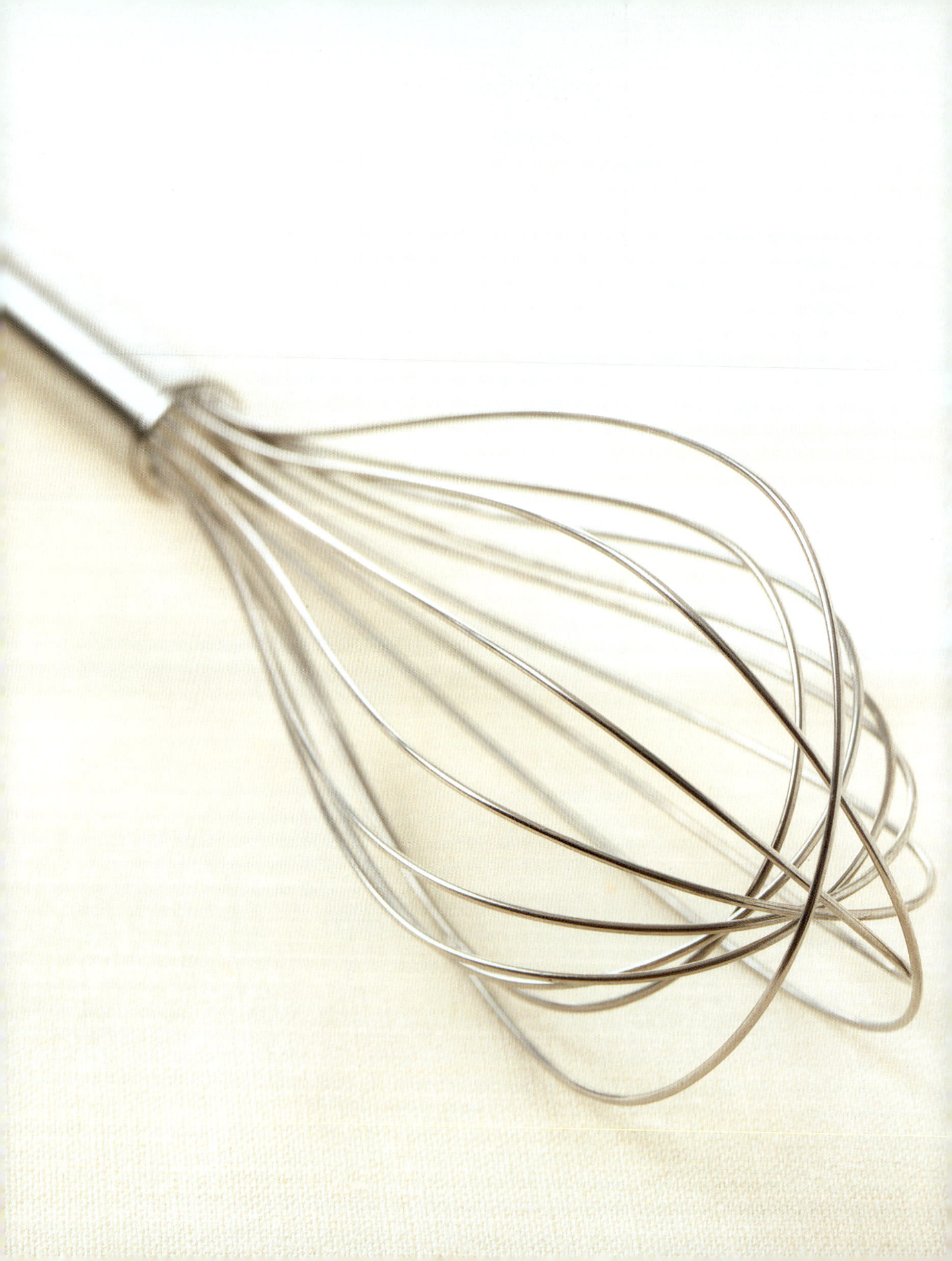

Cocina tradicional

Postres y dulces

Dificultad: media
Preparación: 15 minutos
Cocción: 20 minutos

Guirlache

Ingredientes para 4-6 personas
250 g de almendras tostadas
1 cucharada de zumo de limón
250 g de azúcar
Anises confitados
1 cucharada de mantequilla
1 tacita de aceite de oliva

El vino

Sírvase con un vino blanco dulce con larga crianza oxidativa de D.O. Navarra, de la variedad moscatel de grano menudo, o con un oloroso dulce (V.O.S.) de DD.OO. Jerez-Xérès-Sherry, de las variedades palomino fino y pedro ximénez.

Se lleva una cazuela al fuego con el azúcar y se le añade el zumo de limón. Se deja que se funda y se remueve con una cuchara hasta que esté a punto de caramelo. Se incorporan entonces las almendras peladas y picadas y se remueve hasta que quede una masa uniforme. Se unta el mármol con mantequilla para que no se pegue y se extiende la masa con el rodillo y se le da un espesor de 1 o 2 centímetros. Se echan por encima los anises. Cuando el guirlache esté tibio se trocea al gusto.

> Sobre todo, mucha precaución con las quemaduras de azúcar. Se puede reservar alguna almendra entera pelada para decorar el guirlache al final: se fijan en la superficie cuando todavía esté caliente.

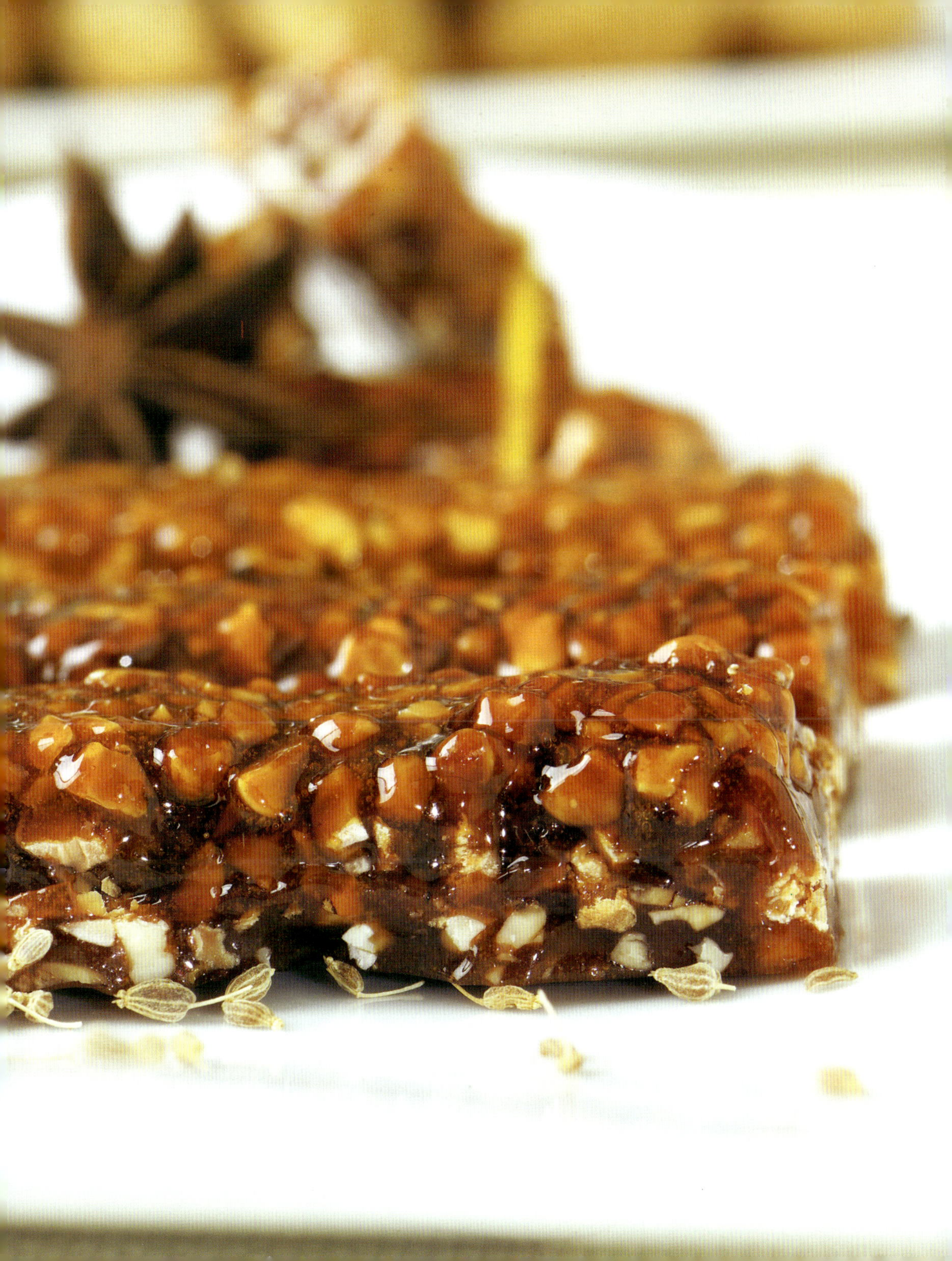

Dificultad: media
Preparación: 20 minutos
Cocción: 15 minutos

Tortas de chachigorri

Ingredientes para 4-6 personas
200 g de chicharrones
100 g de azúcar
350 g de harina
2 huevos
1 cucharada de mantequilla
Ralladura de 1/2 limón
Mantequilla para la placa

El vino

Sírvase con un vino blanco dulce de vendimia tardía, con poca crianza, de la Tierra de Navarra, de la variedad chardonnay, o con un vino blanco dulce con crianza de D.O. Empordà-Costa Brava, elaborado con garnacha blanca y tinta.

Se hace un volcán con la harina, se incorporan los chicharrones troceados y la mitad del azúcar. Se ponen en el centro los huevos, la ralladura de limón y la mantequilla, que se tendrá a temperatura ambiente. Se trabaja la masa hasta que quede uniforme, se tapa y se deja reposar 30 minutos.

Se toman porciones de masa del tamaño de una bola pequeña. Se enharina el banco de trabajo y la bola. Con ayuda del rodillo, se estiran las bolas encima y se les da forma de tortas delgadas, que se espolvorean con azúcar. Se colocan en una placa que pueda ir al horno, previamente untada con mantequilla, y se dejan a fuego medio hasta que estén doradas.

> Hay que procurar que los chicharrones queden en trozos pequeños, pero no se trituran con la máquina, sino que se tienen que cortar con el cuchillo.

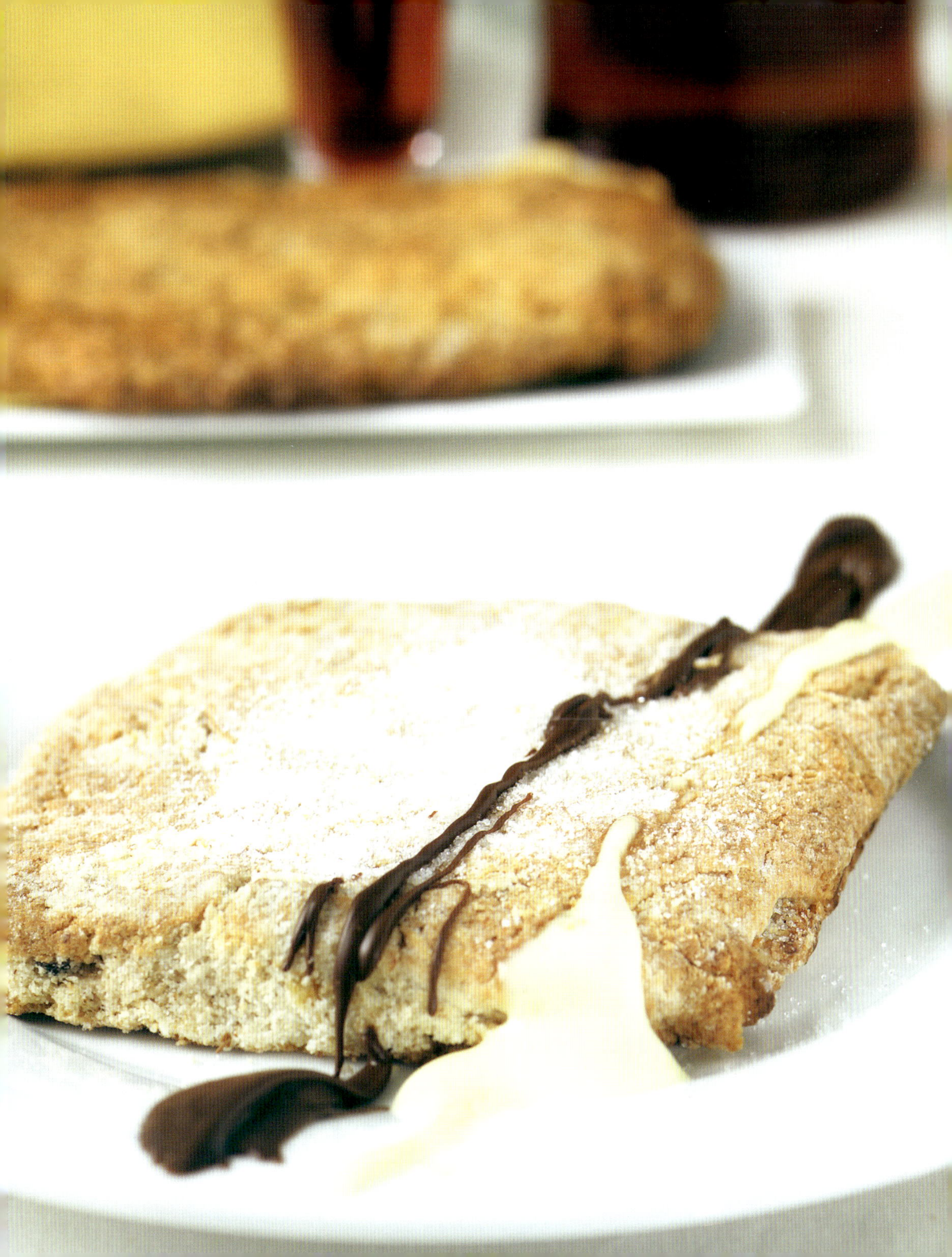

Dificultad: baja
Preparación: 10 minutos
Cocción: 30 minutos

Compota de orejones

Ingredientes para 6-8 personas
250 g de orejones de manzana
250 g de orejones de melocotón
250 g de ciruelas pasas
250 g de higos secos
1 ramita de canela
2 cucharadas de pasas
1 vasito de moscatel
2 l de agua

El vino
Servir con un vino blanco con crianza de D.O. Navarra, de la variedad moscatel de grano menudo, o con un vino blanco con crianza de D.O. Montsant, elaborado con garnacha blanca.

En una olla con agua se ponen todos los ingredientes y se dejan cocer a fuego lento. Se retiran y se dejan enfriar. Cuando la mezcla esté a temperatura ambiente, se introduce en el frigorífico.

> Esta compota típica de Navidad es muy dulce, por lo que es mejor no incorporar azúcar. Se conserva unos días siempre que se mantenga en la nevera.

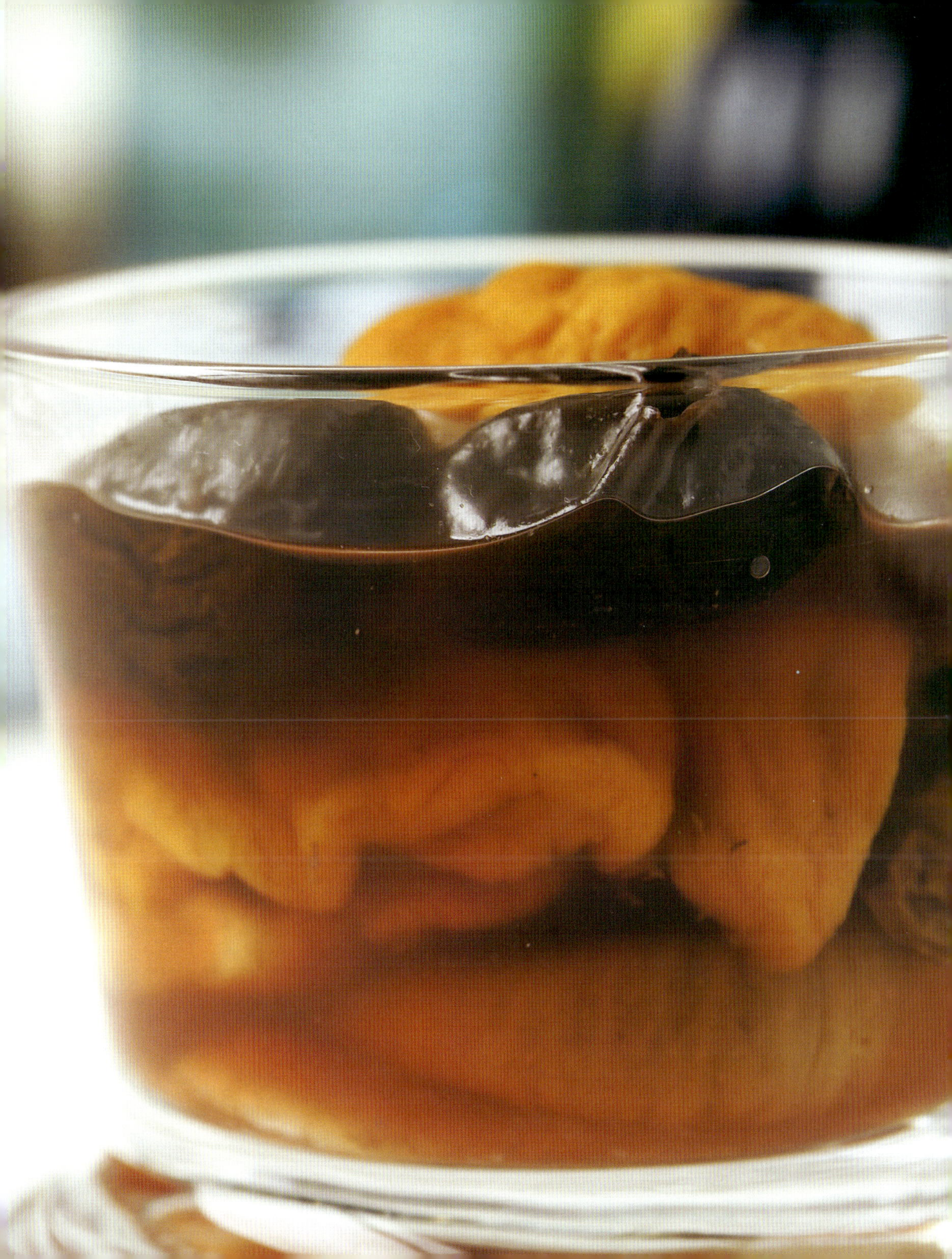

Dificultad: media
Preparación: 20 minutos más el tiempo de reposo
Cocción: 15 minutos

Chapapas

Ingredientes para 4 personas
1/2 kg de harina
1 tacita de aceite de oliva
1 cucharadita de vinagre de manzana
1 cucharadita de sal
1 taza de agua
4 cucharadas de azúcar para espolvorear
1 sobre de levadura
Aceite de girasol para freír

El vino
Sírvase con un vino blanco dulce sin crianza de D.O. Navarra, de la variedad moscatel de grano menudo, o con un vino tinto con poca crianza de D.O. Alicante, elaborado con monastrell.

Se mezcla la harina con la levadura y la sal, y se hace un volcán en el banco de trabajo. Se vierten en el centro el aceite y el vinagre y se amasa. Se añade un poco de agua tibia hasta obtener una bola compacta que no se pegue en las manos. Se tapa con un paño y se deja a temperatura ambiente durante 2 horas.

Una vez ha reposado, se estira con el rodillo y se forman pequeñas porciones del tamaño de un buñuelo, que se fríen por tandas en aceite abundante. Se retiran con la espumadera y se espolvorean con azúcar.

> Las chapapas están a punto cuando ellas solas se den la vuelta en el aceite hirviendo.

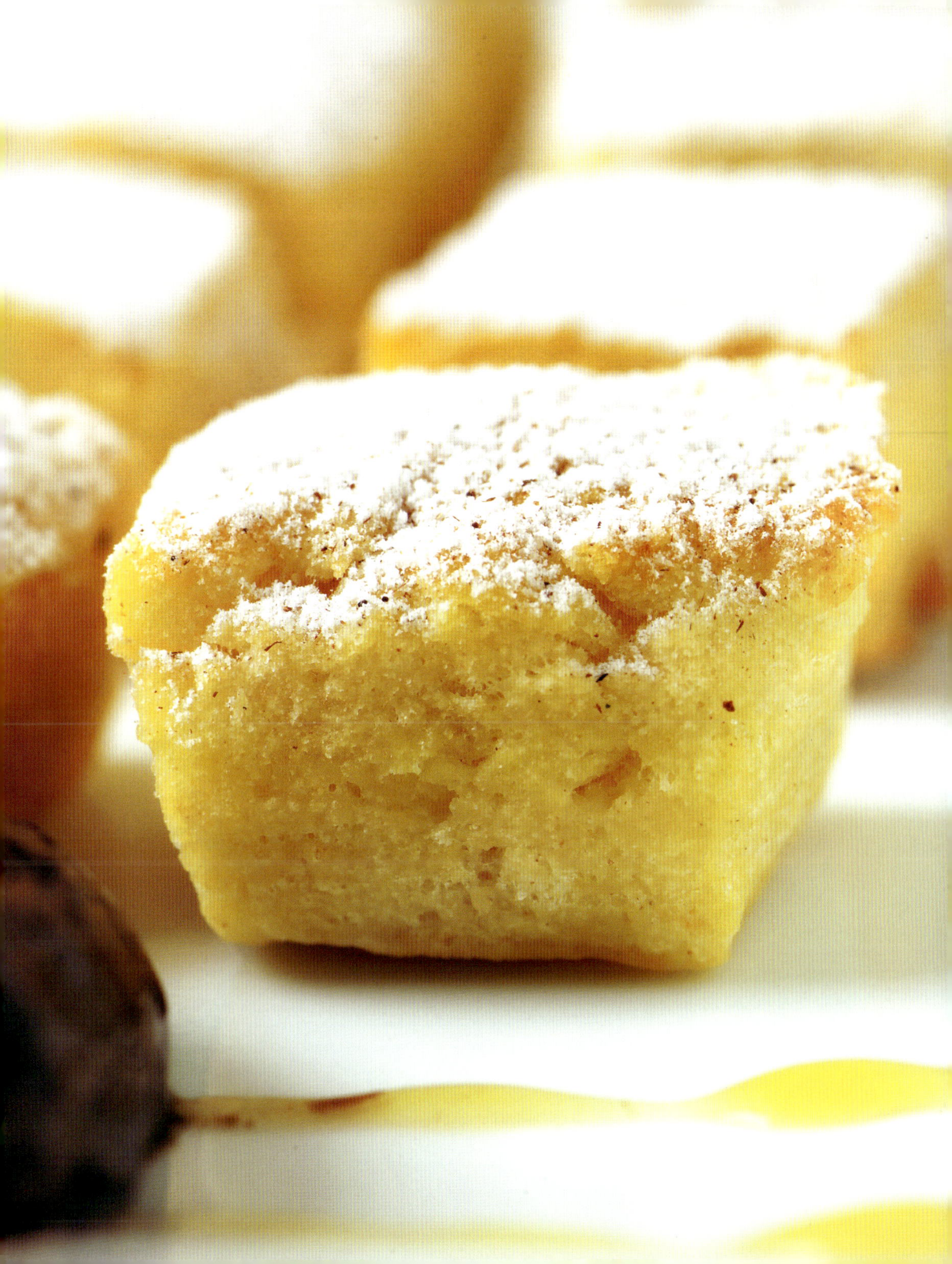

Dificultad: baja
Preparación: 20 minutos más el tiempo de reposo
Cocción: 15 minutos

Talo

Ingredientes para 8 personas
400 g de harina de maíz
Agua tibia
Sal

El vino

Sírvase con un vino blanco dulce sin crianza de D.O. Navarra, de la variedad moscatel de grano menudo, o con un vino blanco dulce sin crianza de D.O. Málaga, elaborado con moscatel de grano menudo.

Se hace un volcán con la harina de maíz y en el centro se coloca la sal y se va añadiendo agua tibia. Se trabaja la harina como si se preparara un pan. Se hace una bola, se tapa y se deja en reposo 30 minutos. Se divide la masa en pequeñas porciones y se hacen bolas. Se aplastan hasta que queden con forma de torta. Se acercan a las brasas para que se doren por ambas caras. Si se quieren hacer en cocina de gas se unta con aceite una sartén y se fríen por ambas caras. Cuando estén doradas, se retiran, se dejan enfriar y se sirven.

> Este tipo de tortas de harina de maíz sin fermentar, típicas de las montañas del País Vasco y Navarra, son más sabrosas si se hacen al rescoldo, utilizando una plancha con mango, la *taloburdiña*. Son muy apetitosas con miel.

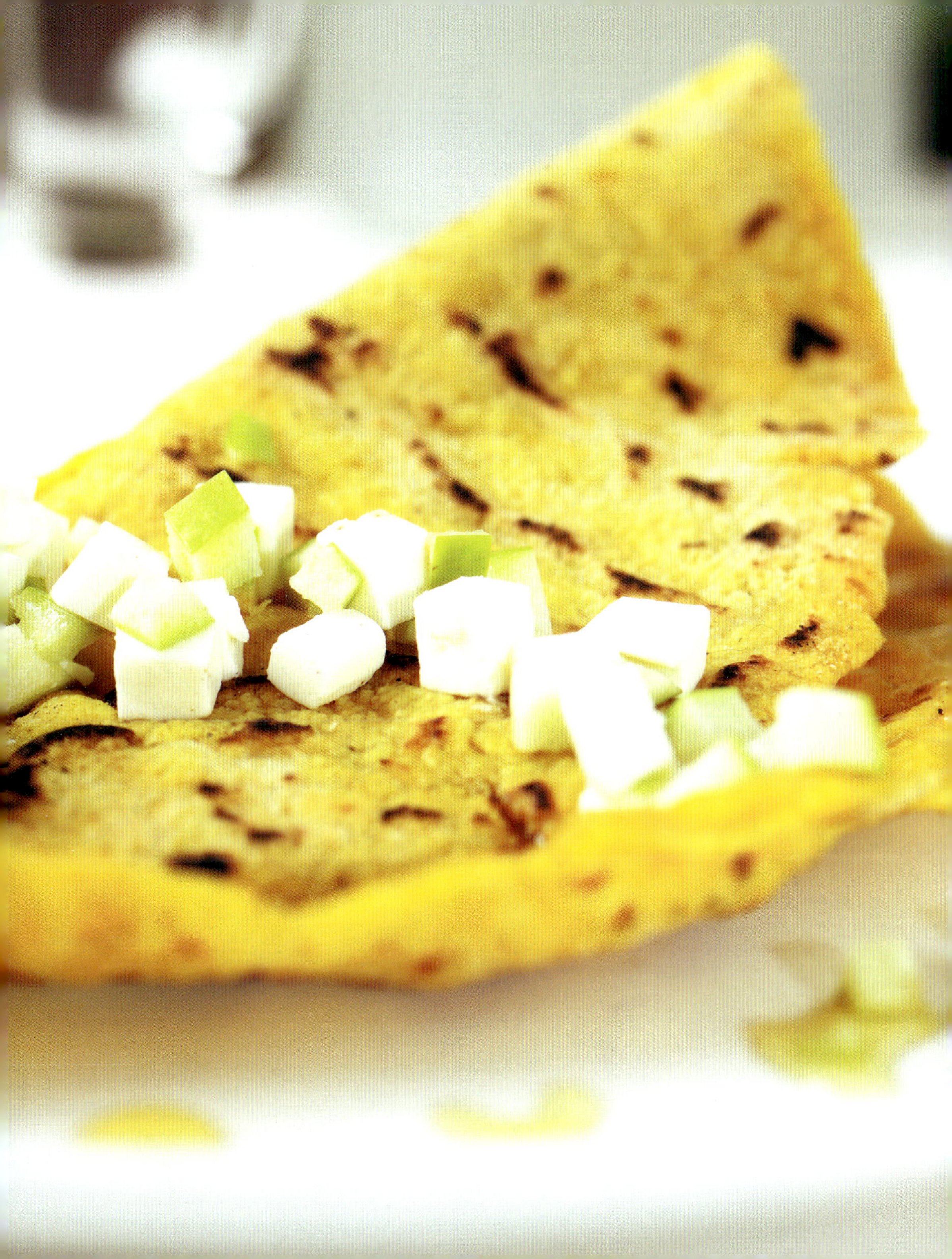

Dificultad: media
Tiempo: 30 minutos
Cocción: 15 minutos

Huesos de san Francisco Javier

Ingredientes para 4 personas
2 huevos
100 g de mantequilla
100 ml de leche
100 g de azúcar
2 papeletas de gaseosa
2 naranjas
Harina
Aceite
Pacharán
Azúcar glasé
Un pellizco de sal

El vino
Acompañar de un vino blanco dulce fermentado en barrica con D.O. Navarra, de la variedad moscatel de grano menudo, o de un vino blanco dulce con crianza con D.O. La Palma, de la variedad malvasía.

Se baten los huevos en un recipiente grande y se les añade la ralladura de las dos naranjas, la mantequilla derretida, el pacharán, la leche y el azúcar. Se mezcla y se va añadiendo la harina tamizada mezclada con las papeletas de gaseosa, hasta que resulte una masa homogénea. Se hace una bola con esta masa, se tapa con un paño y se deja reposar durante 30 minutos. Pasado este tiempo se toman pequeñas porciones y se amasan procurando darles la forma de un hueso.

Se fríen en una sartén con abundante aceite, se escurren y se espolvorean de azúcar glasé.

> Si se usa aceite de girasol para freír los huesos, éstos quedarán más ligeros.

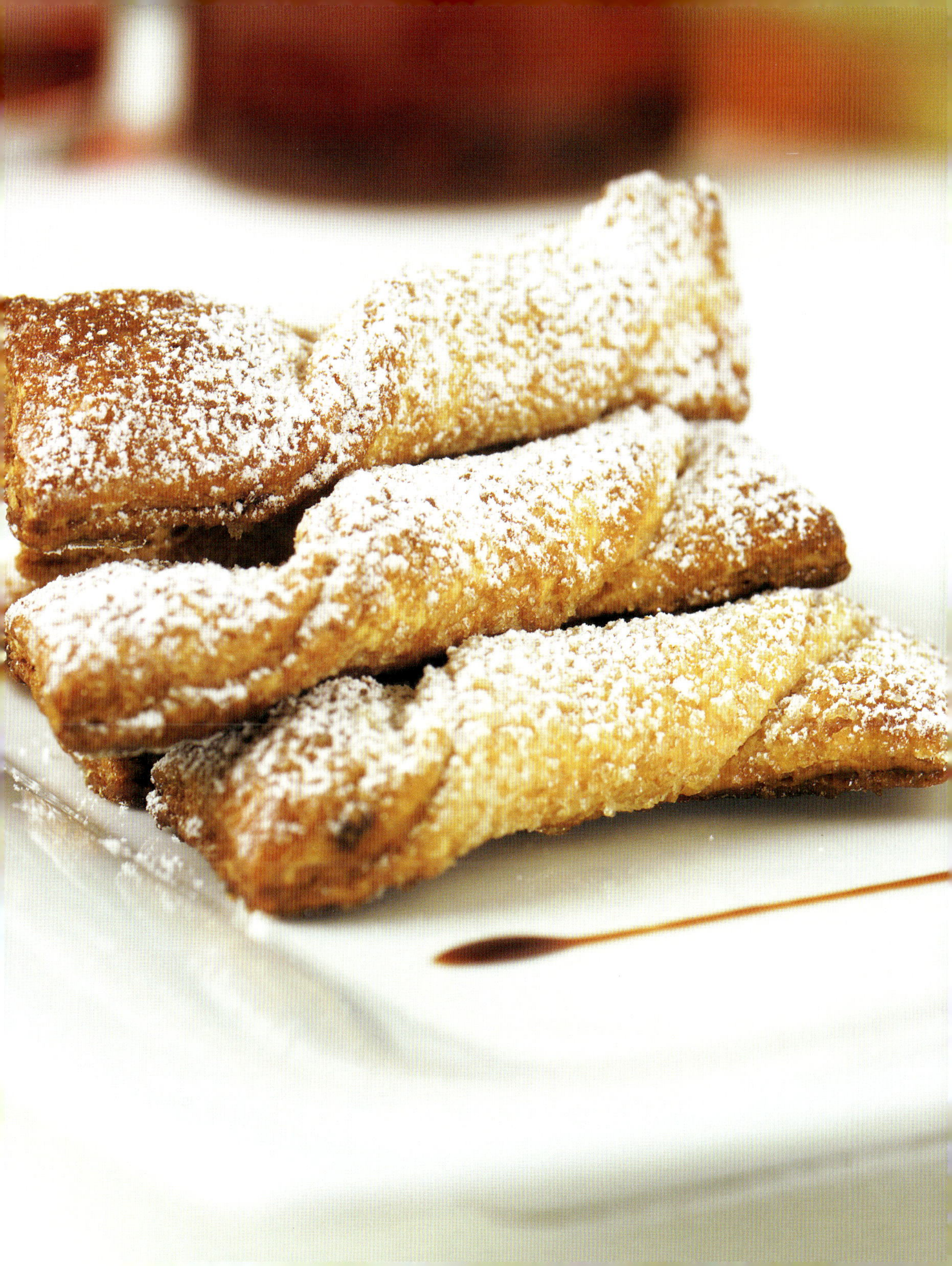

Dificultad: media
Tiempo: 30 minutos
Cocción: 1 hora

Pudín de castañas

Ingredientes para 6 personas

500 g de castañas limpias
4 huevos
125 ml de nata líquida
250 ml de leche
100 g de azúcar
Canela en rama
Corteza de limón
Chocolate
Sal

El vino

Sírvase con un vino blanco dulce con larga crianza oxidativa de D.O. Navarra, de la variedad moscatel de grano menudo, o con un vino blanco dulce con poca barrica de D.O. Campo de Borja, elaborado con moscatel de grano menudo.

Se escaldan las castañas y se pelan. Se guardan algunas para decorar y se ponen las restantes en un cazo junto con la leche, la sal, la corteza de limón y la canela y se dejan cocer 30 minutos a fuego lento. Pasado ese tiempo se añaden la nata, los huevos y el azúcar.

A continuación se retira la canela y la corteza del limón y se tritura bien el conjunto.

Se vierte la mezcla en un molde y se pone a cocer al baño María en el horno durante 30 minutos, a 180 ºC. Se desmolda, se deja enfriar. Se decora con las castañas reservadas y se acompaña de una *quenelle* de chocolate.

Si se derrite el chocolate con un chorrito de aceite de girasol, queda más sabroso.

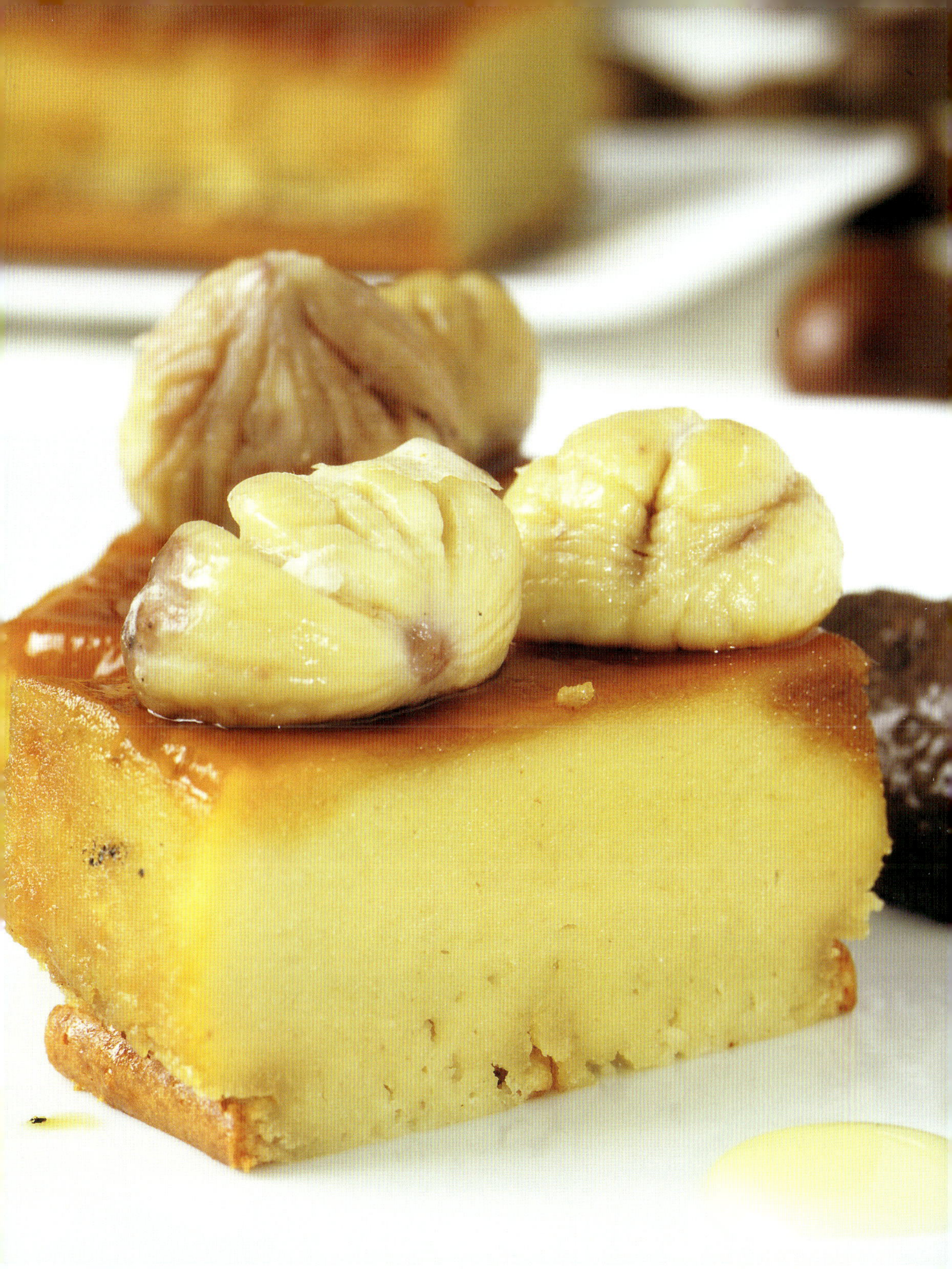

Dificultad: baja
Tiempo: 15 minutos
Cocción: 20 minutos

Sopa cana

Ingredientes para 4 personas
200 g de grasa de capón
1/2 ramita de canela
100 g de azúcar
1 corteza de limón
500 ml de leche
125 ml de agua
Pan seco
Canela molida

El vino

Sírvase con un vino blanco dulce de D.O. Navarra, de la variedad moscatel de grano menudo, o con un vino tinto dulce con poca crianza de D.O. Tacoronte-Acentejo, elaborado con listán negro.

Se pone al fuego la leche, el agua y la ramita de canela. Cuando empiece a hervir, se añade la grasa del capón y la corteza del limón. Se continúa la cocción 10 minutos. Pasado ese tiempo se retira el limón y la canela y se añade el pan seco a trozos, "hecho sopicas".

Se deja cocer todo otros 10 minutos y se retira del fuego para que repose. Una vez tibia, se acompaña la sopa con un poco de canela molida y se sirve.

> El pan debe estar bien seco y duro de varios días.

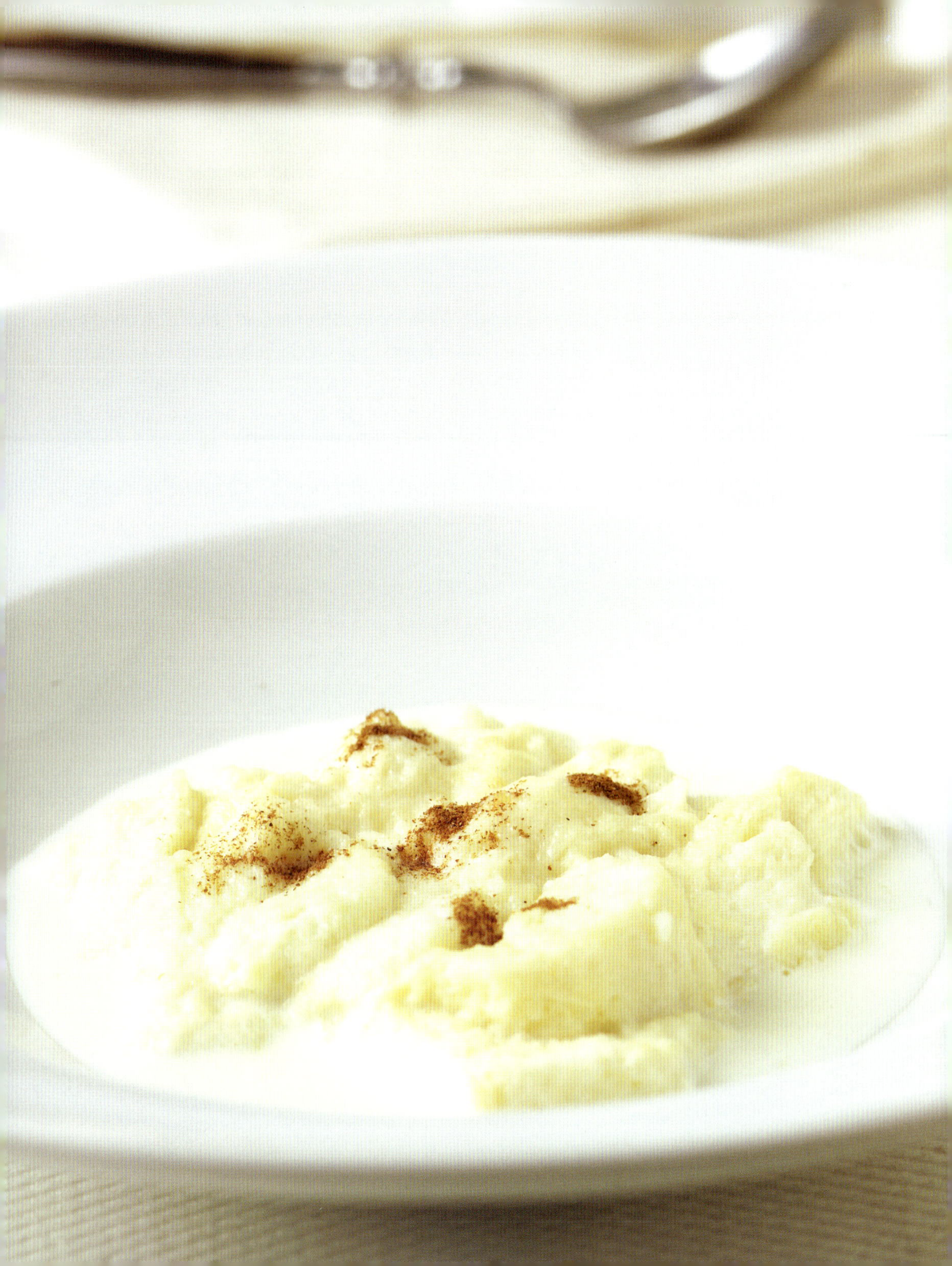

Dificultad: media
Tiempo: 30 minutos
Cocción: 15 minutos

Almendras garrapiñadas

Ingredientes para 4 personas
200 g de almendras con piel
250 ml de agua
250 g de azúcar

El vino

Sírvase con un vino blanco dulce con larga crianza oxidativa de D.O. Navarra, de la variedad moscatel de grano menudo, o con un vino blanco dulce de larga crianza oxidativa de D.O. Montilla-Moriles, elaborado con pedro ximénez.

Se colocan todos los ingredientes en un cazo y se acerca éste al fuego de manera que reciba su calor de forma indirecta. Se remueve sin parar hasta que el azúcar se adhiera a las almendras. Cuando se observe que el azúcar está bien agarrado a la almendra se aleja el cazo del fuego, se deja unos segundos y se vuelve a acercar para que el azúcar cristalice.

Se vierte el contenido del cazo sobre una superficie engrasada y se separa con una cuchara de madera hasta conseguir que las almendras queden sueltas. Se sirven frías.

> Se pueden guardar las almendras en botes de cristal con cierre hermético y consumirse más tarde.

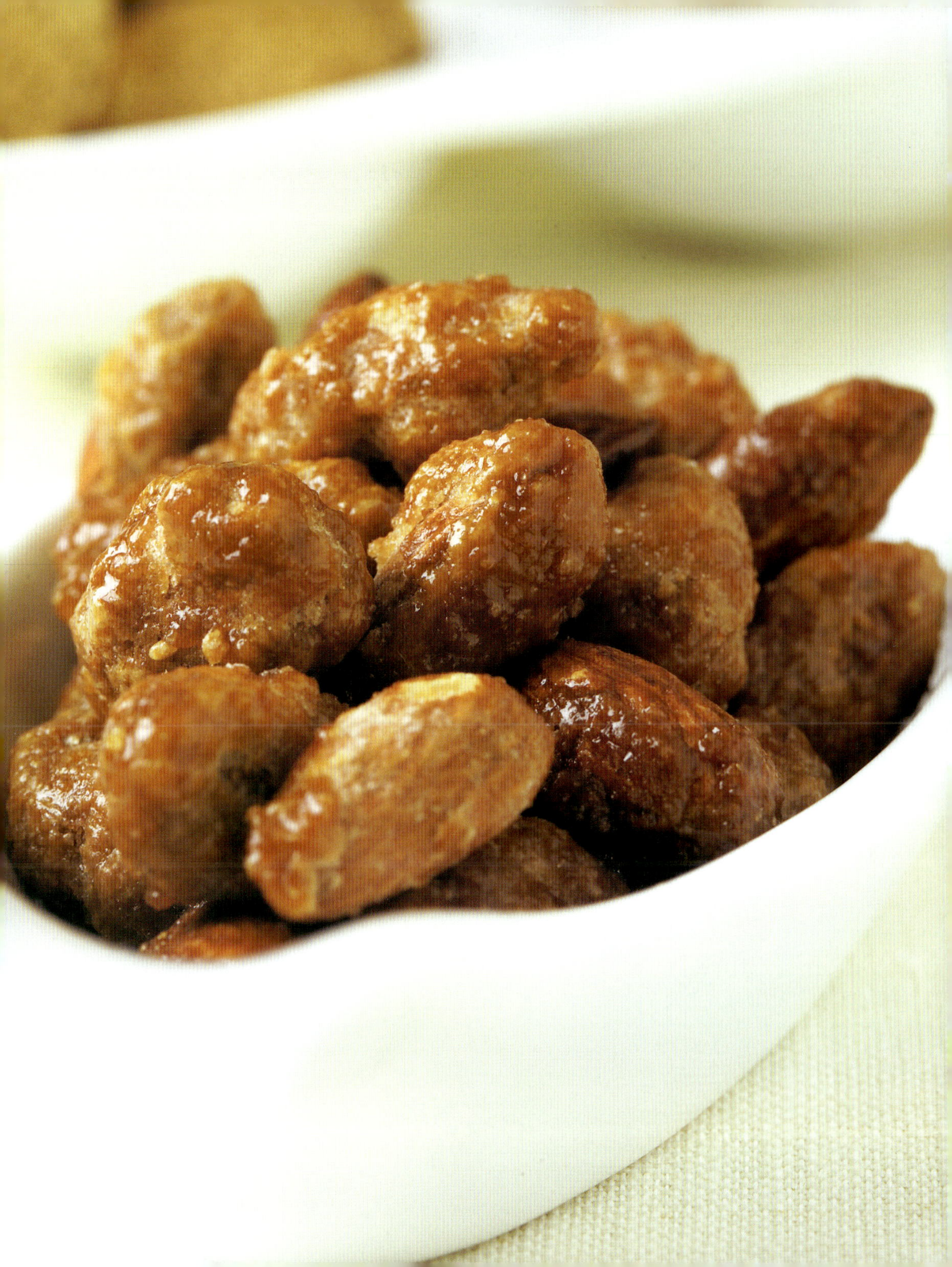

Dificultad: baja
Preparación: 10 minutos más el tiempo de maceración

Anís con *patxaran*

Ingredientes para 1 botella de 1 litro
1 taza de pacharanes (endrinas)
6 granos de café
1/2 rama de canela
2 cucharadas de azúcar
1/2 l de anís

En una botella de vidrio de boca ancha se ponen las endrinas, los granos de café, la canela y el azúcar. Se rellena hasta arriba con anís, se cierra ajustando el corcho y se deja 2 meses en maceración.

Al cabo de ese tiempo, con ayuda de un colador y un embudo, se filtra el anís de *patxaran* (pacharán) y se vierte en otra botella, que se tapa con su corcho.

> Es imprescindible utilizar anís o aguardiente de calidad. Las botellas que no estén precintadas por Sanidad pueden contener metanol.

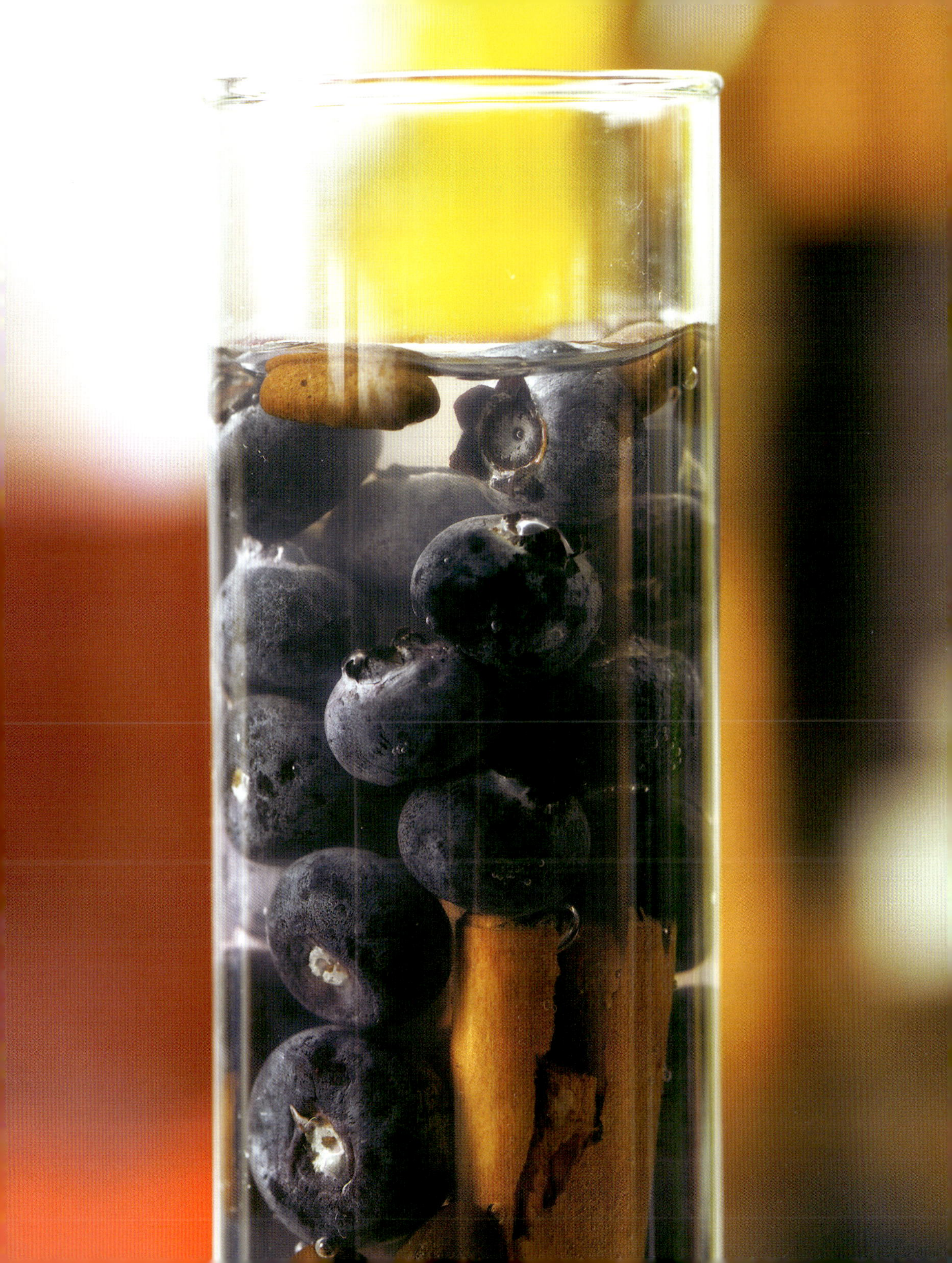

Dificultad: baja
Preparación: 10 minutos
Cocción: 15 minutos

Zurracapote

Ingredientes para 8-10 personas
4 l de vino rosado
1 limón
1 palo de canela
1/2 kg de azúcar
2 vasos de agua

En un cazo con agua se hace una infusión al fuego con la canela y el azúcar. Cuando el agua haya reducido a la mitad, en una garrafa o en una botella de cuello ancho se vierte el vino y la infusión de canela incluyendo las ramas de la misma.

> La tradición indica que el zurracapote se haga en una cántara de vino de 16 litros.

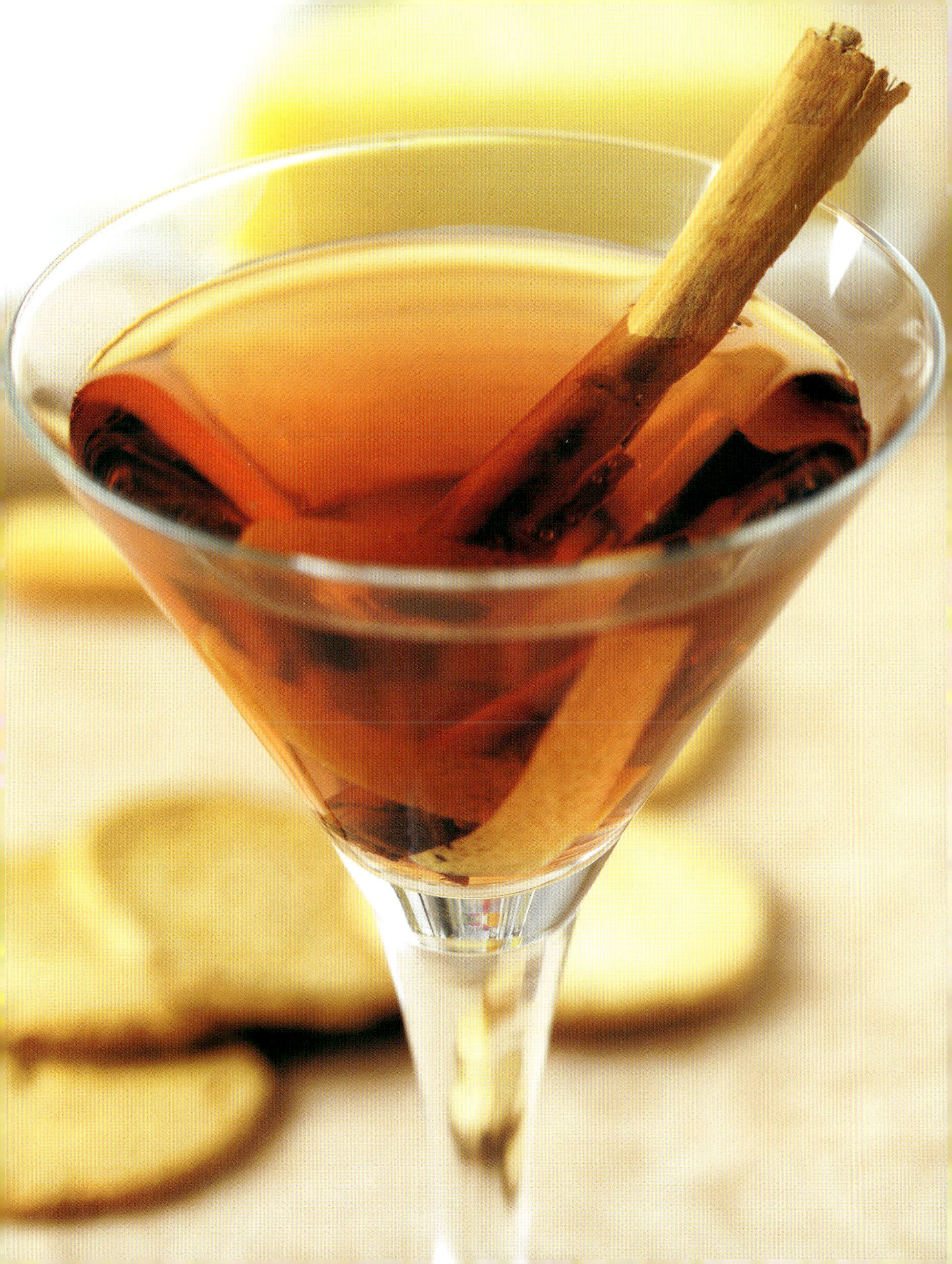

Pilar Idoate
Restaurante Europa

Pilar Idoate nació en Marcalain en 1955. En 1970 ya estaba al frente de los fogones del restaurante Europa, entonces propiedad de sus tías. En 1974 se hizo cargo de este negocio junto con sus hermanos, quedando ella al frente de la cocina. Estos años de experiencia autodidacta le han servido para lograr una cocina elaborada con imaginación y maestría. Prueba de ello es la estrella Michelin que luce desde 1993.

Enrique Martínez
Restaurante Maher

El hotel restaurante Maher fue fundado en 1969, estando entonces al frente de su cocina María Trincado, discípula de Sabina Chivite, la abuela de Enrique Martínez, genial cocinera. Desde hace 30 años Enrique dirige la cocina del Maher, una de las más importantes de Navarra y que ha recibido galardones como el premio Marqués de Desío, otorgado por la Academia Española de Gastronomía a la mejor labor profesional.

Cocina de autor

Nicolás Ramírez
Restaurante Túbal

Nació en 1975 en Tafalla. Finalizó el bachillerato y decidió dedicarse a la cocina, continuando el negocio familiar que iniciaron sus abuelos en 1942 y que continuó su madre. Con ella aprendió la cocina tradicional navarra. Amplió sus estudios trabajando con Hilario Arbelaitz y Arzak y estudiando con Ferran Adrià. Con 22 años se puso al frente del Túbal y desde entonces su éxito no ha cesado. Una estrella Michelin le avala.

Koldo Rodero
Restaurante Rodero

Nació en Tolosa en 1963. Es un cocinero autodidacta que comenzó en la cocina a los 19 años, en el restaurante Rodero, a las órdenes de su padre, Jesús Rodero. Realizó además *stages* y cursos en diferentes restaurantes del país. Desde que es jefe de cocina del restaurante Rodero ha conseguido galardones como una estrella Michelin, la Insignia de Oro del Día de la Cereza de Milagro o Cocinero de Oro 2003 de Intxaurrondo.

David Yarnoz
Restaurante El Molino de Urdániz

Nació en 1975 y pronto quiso dedicarse a la cocina. Pasó dos años en la escuela de cocina de Luis Irizar de San Sebastián y realizó prácticas en diversos restaurantes como Akelarrre, Bodegón Alejandro, Rodero o El Celler de Can Roca. Actualmente es el jefe de cocina del restaurante El Molino. Quedó finalista en los premios Pil Pil 2003 como Plato más Ingenioso y en los premios Restaurante Revelación de Madrid Fusión 2004.

Rape laminado con refrito de Módena, gazpacho de tomate asado y ajetes tiernos asados

Pilar Idoate

Ingredientes para 6 personas
Para el rape:
1 rape de 1,6 kg
2 dientes de ajo
1 dl de aceite de oliva virgen
1 cucharada de vinagre de Módena
4 ajetes

Para el gazpacho de tomate:
1 kg de tomates
Azúcar
Sal
Orégano
Aceite de oliva
Vinagre blanco
Vinagre de Módena

El vino
Servir con un vino blanco maduro pero sin crianza en barrica de D.O. Navarra, de la variedad chardonnay, o con un blanco sin paso por madera, pero con un par de años, de D.O. Rueda elaborado con verdejo.

El rape: Se limpia el rape, se le extraen los dos lomos y se trocean en filetitos muy finos. Justo antes de servirlo, se pone en una sartén antiadherente al fuego con un chorrito de aceite; cuando esté bien caliente se retiran los filetes de rape y en la sartén se doran los ajos con el vinagre para hacer el refrito de Módena.

Se asan los ajetes en el horno durante 6 minutos a 150º.

El gazpacho de tomate: Se limpian los tomates y se ponen a asar en una bandeja de horno abiertos por la mitad con un chorrito de aceite de oliva, sal, azúcar y orégano. Se asan durante 20 minutos a 170º. una vez asados, se trituran en la Thermomix y se van montando con aceite hasta que adquieran la textura deseada; seguidamente se añaden los vinagres al gusto, la sal y el orégano. Por último, se pasa por el fino y se espuma.

Presentación: Se coloca en un plato el gazpacho como base; encima se disponen los filetes de rape y se riegan con un poco del refrito de Módena. Se decora con los ajetes asados.

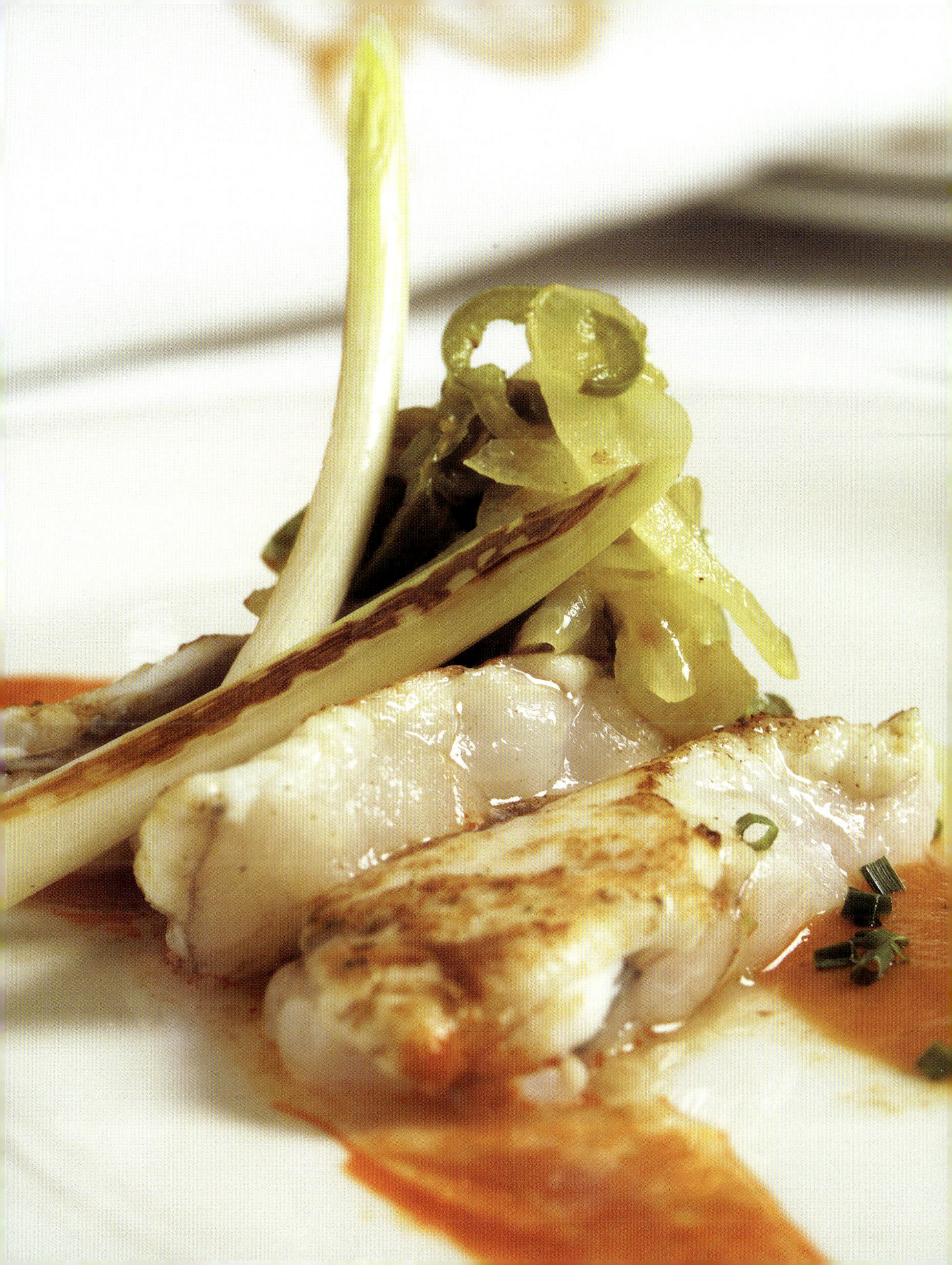

Pilar Idoate

Cordero con crujiente de verduras y salsa de naranja

Ingredientes para 6 personas
Para el cordero:
1 kg de cordero
Sal
Aceite
Pimienta
Tempura (harina, agua, orégano, sal)
200 g de yuca
3 pimientos rojos
3 pimientos verdes

Para la salsa de naranja:
Aceite
1 cebolla
1 naranja
1 vaso de vino blanco
1/2 l de caldo de huesos de cordero
1 tacita de maizena

Para los garbanzos:
180 g de garbanzos
Agua
Sal

El vino

Sírvase con un vino tinto de crianza moderno de D.O. Navarra, elaborado con tempranillo, garnacha y merlot, o con un tinto moderno con crianza de D.O.Ca. Rioja, de la variedad tempranillo.

El cordero: Se trocea el cordero y se asa en el horno durante 15 minutos a 180°. Se deja reposar. Se cortan la yuca y los pimientos en juliana muy fina. Se mezclan la harina, el agua, el orégano y la sal para formar un tempura. Se junta el cordero con las verduras para que éstas se impregnen y después se reboza el conjunto de cordero y verduras con la tempura y se fríe en aceite caliente.

La salsa de naranja: Se pocha la cebolla hasta que esté dorada, se añaden los gajos de naranja y un chorro de vino blanco; cuando reduzca se echa el caldo de cordero y se deja hervir durante media hora. Seguidamente, se cuela por un chino y se deja reducir hasta obtener la consistencia deseada.

Los garbanzos: Se ponen en remojo los garbanzos la noche anterior. Se cuecen unas 2 horas hasta que estén bien cocidos. Por último se fríen.

Presentación: Se echa la salsa de naranja en la base del plato y encima se coloca el cordero. Finalmente se decora con los garbanzos.

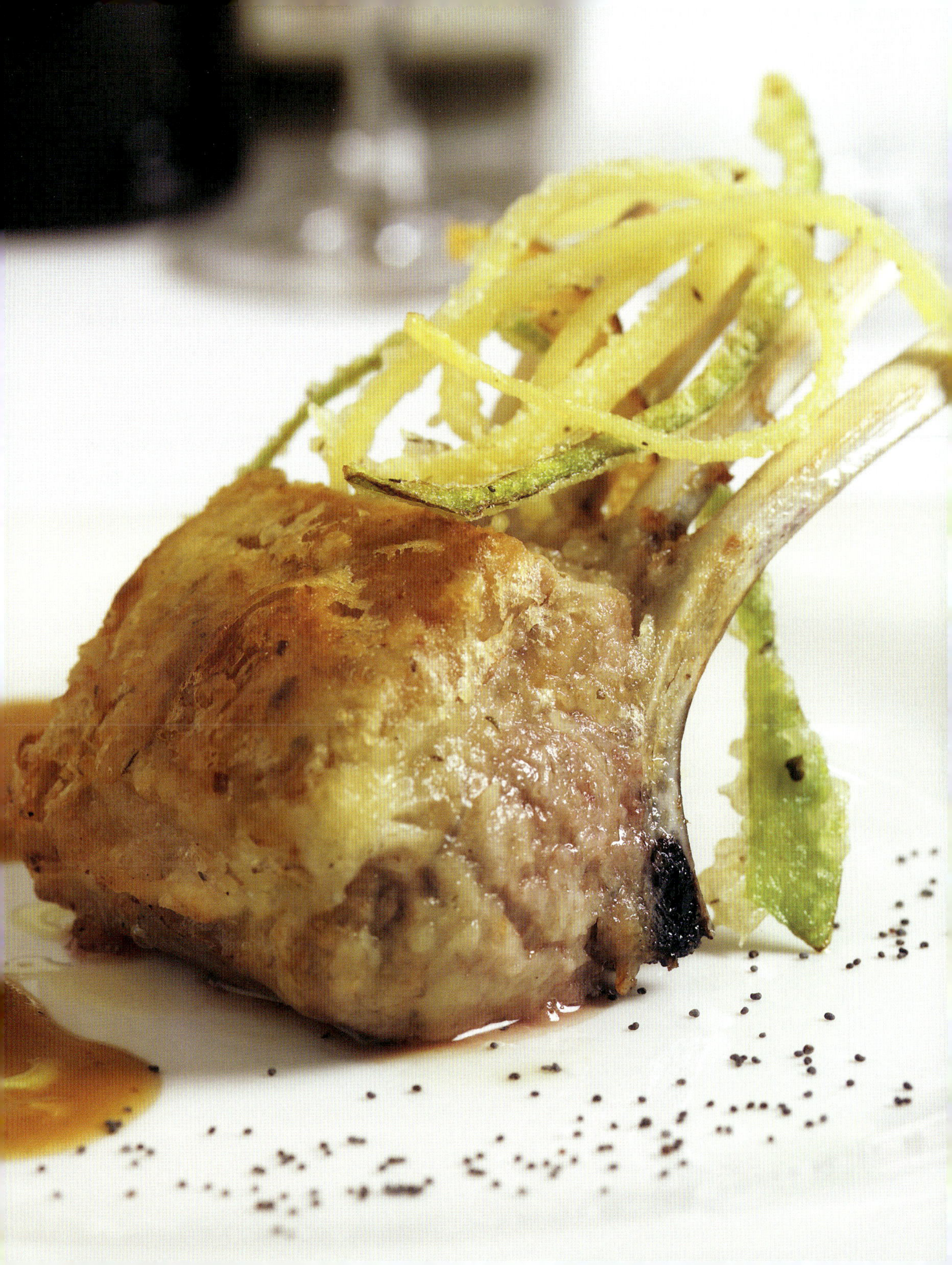

Pilar Idoate

Carpaccio de manitas de cerdo con aceite de oliva virgen aromatizado con trufa

Ingredientes para 6 personas
Para las manitas:
12 manitas de cerdo
Sal
Pimienta
1 cebolla
2 puerros
4 hojas de laurel
6 rebanadas de pan tostado

Para la vinagreta de trufa:
100 g de trufa
Aceite de oliva

El vino

Servir con un vino tinto moderno con crianza en barrica de D.O. Navarra, de la variedad merlot, o con un tinto moderno con crianza en barrica de D.O. Cigales, de la variedad tempranillo.

Las manitas: Se cuecen las manitas con agua, sal y las verduras (cebolla, puerro y laurel) durante 2 horas aproximadamente. Una vez cocidas se deshuesan y se envuelven en papel transparente (film) en forma de tubo. Se introducen en el congelador. Cuando estén bien congeladas se cortan en láminas muy finas, a ser posible con cortafiambres.

La vinagreta de trufa: Se mezcla en un bol el aceite con las trufas y se tritura.

Presentación: Se extienden en el fondo de un plato llano las láminas de manitas y se añade una vinagreta hecha con el aceite de oliva y las trufas. Se pone a punto de sal y pimienta y se sirve con pan tostado.

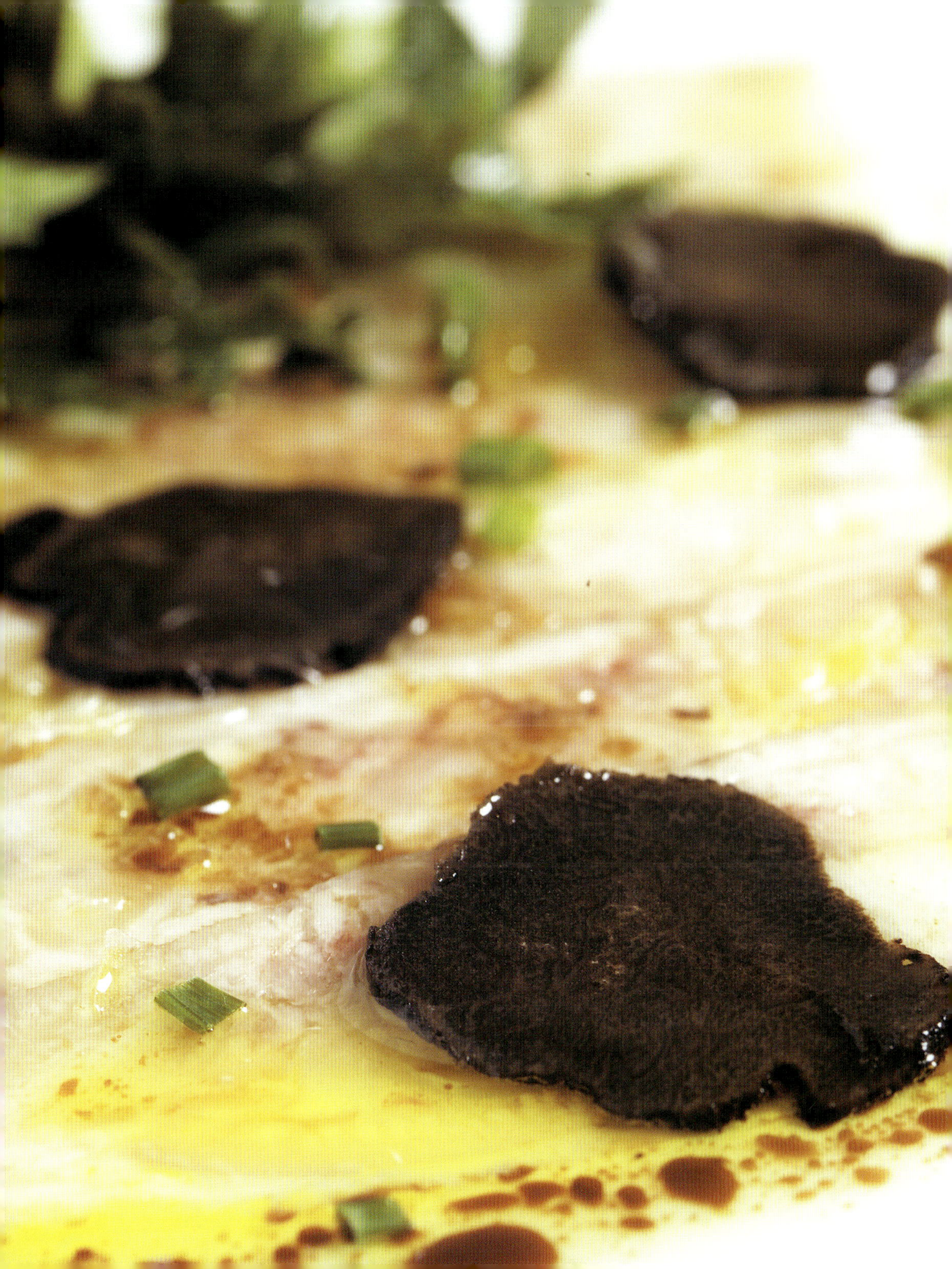

Equilibrio de castañas, helado de maíz y sopa de cacao

Pilar Idoate

Ingredientes para 6 personas
Para la base de castañas:
300 g de castañas crudas
150 g de nata
500 g de leche
100 g de azúcar

Para el caldo de cacao:
500 g de agua
10 g de cacao en polvo
150 g de maíz en lata en su jugo
130 g de azúcar

Para el helado de maíz:
1 l de leche
200 g de nata
250 g de azúcar
50 g de glucosa
300 g de maíz en lata en su jugo

El vino

Acompáñese de un vino blanco dulce de licor con D.O. Navarra, de la variedad moscatel de grano menudo, o de un vino dulce joven con DD.OO. Jerez-Xérèx-Sherry, de la variedad pedro ximénez.

La base de castañas: Se cuecen las castañas en el horno a presión durante 5 minutos. Una vez frías se mezclan con la nata, la leche y el azúcar.

El caldo de cacao: Se trituran en la Thermomix el agua, el cacao, el maíz y el azúcar. Se cuela la mezcla y se reserva fría.

El helado de maíz: Se hierven la leche, la nata, el azúcar y la glucosa. Se introducen en la Thermomix con el maíz. Se cuela la mezcla y se coloca en un recipiente Paco-Jet. Se congela y se turbina.

Presentación: En la base se coloca un montoncito de castañas calientes; encima se pone una *quenelle* de helado de maíz. A la vista del comensal se sirve un chorrito de caldo de cacao por encima. Se decora con unas láminas de castaña cruda y frita.

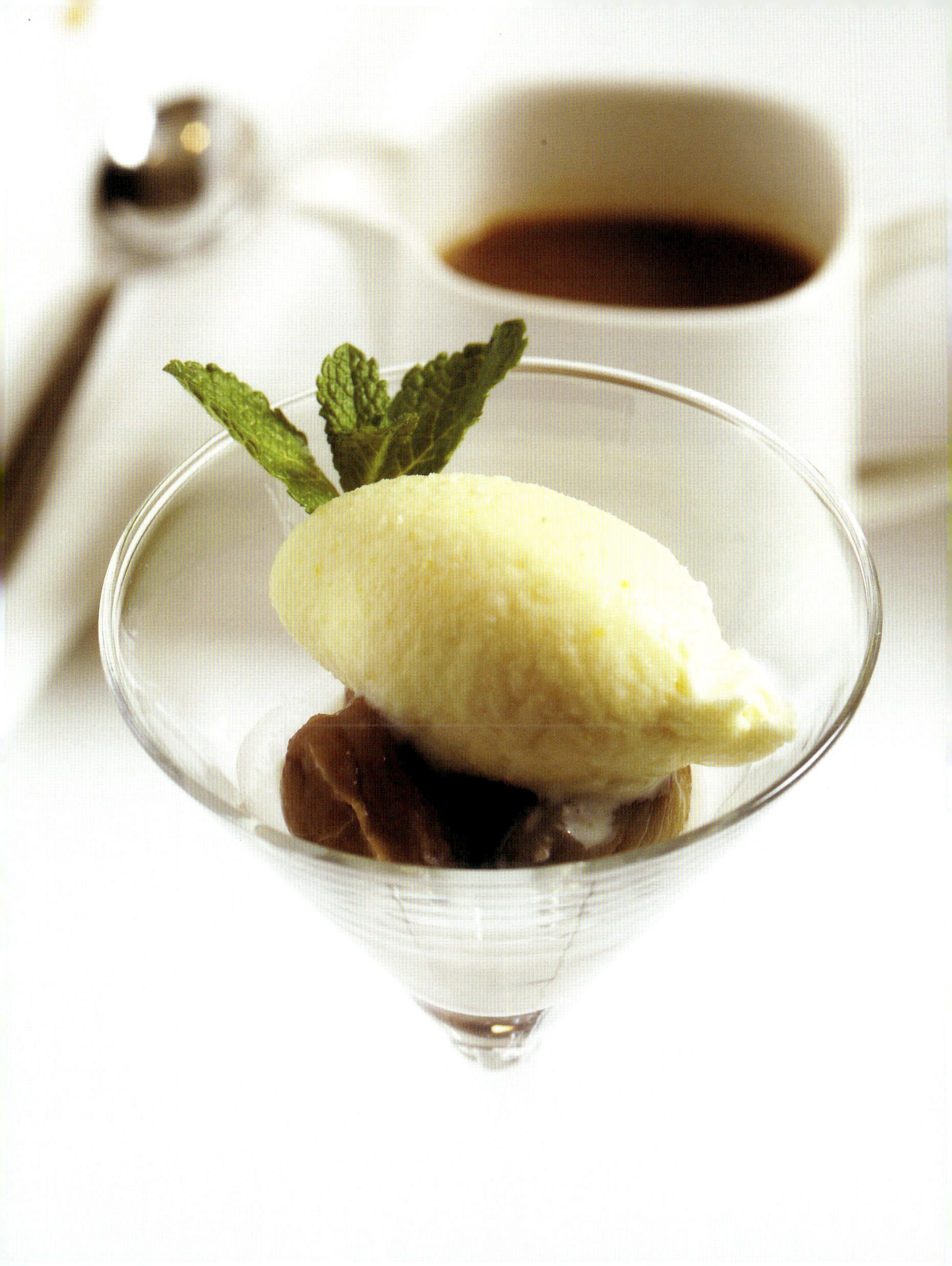

Ensalada de bonito escabechado con langostinos

Enrique Martínez

Ingredientes para 6 personas
1 bonito de 2 kg aprox.
12 langostinos limpios con cola
1 kg de sal gorda marina
1 l de aceite virgen extra del Bajo Aragón
1/2 l de vinagre de vino
3 ajos
1 cayena
10 granos de pimienta negra
1 rama de tomillo
1 rama de romero
Salvia
Estragón
Brotes de ensaladas bretonas (de colores)
200 g de pimientos del cristal
200 g de cebolla asada
100 g de picada de aceitunas negras

El vino
Servir con un vino tinto moderno con crianza en barrica de D.O. Navarra, de la variedad merlot, o con un tinto con crianza y moderno de la Ribera del Queiles, elaborado con tempranillo, merlot y cabernet sauvignon.

Se aromatiza el aceite dejando macerar 24 horas el aceite con el vinagre, la cayena, la pimienta, el tomillo, el romero, la salvia y el estragón.

Se limpia el bonito y se eliminan las partes más oscuras. Entonces se introduce en sal gorda hasta que quede bien cubierto y se deja unos 60 o 70 minutos. Una vez transcurrido ese tiempo, se limpia el lomo con ayuda de un paño sin pasarlo por agua. A continuación se cubre con el aceite aromatizado y se deja un mínimo de 24 horas.

Se asan los brotes, los pimientos y la cebolla y se monta una vinagreta con el aceite de maceración, el jugo de las verduras asadas, una parte de vinagre de vino y picada de aceituna negra.

Se rusten los langostinos.

Presentación: Se dividen en raciones los lomos de bonito y se emplatan manteniendo su textura y temperatura. En el fondo del plato se colocan las hortalizas asadas, y encima los tacos de bonito con sus diferentes cortes y los langostinos rustidos. Se salsea con la vinagreta.

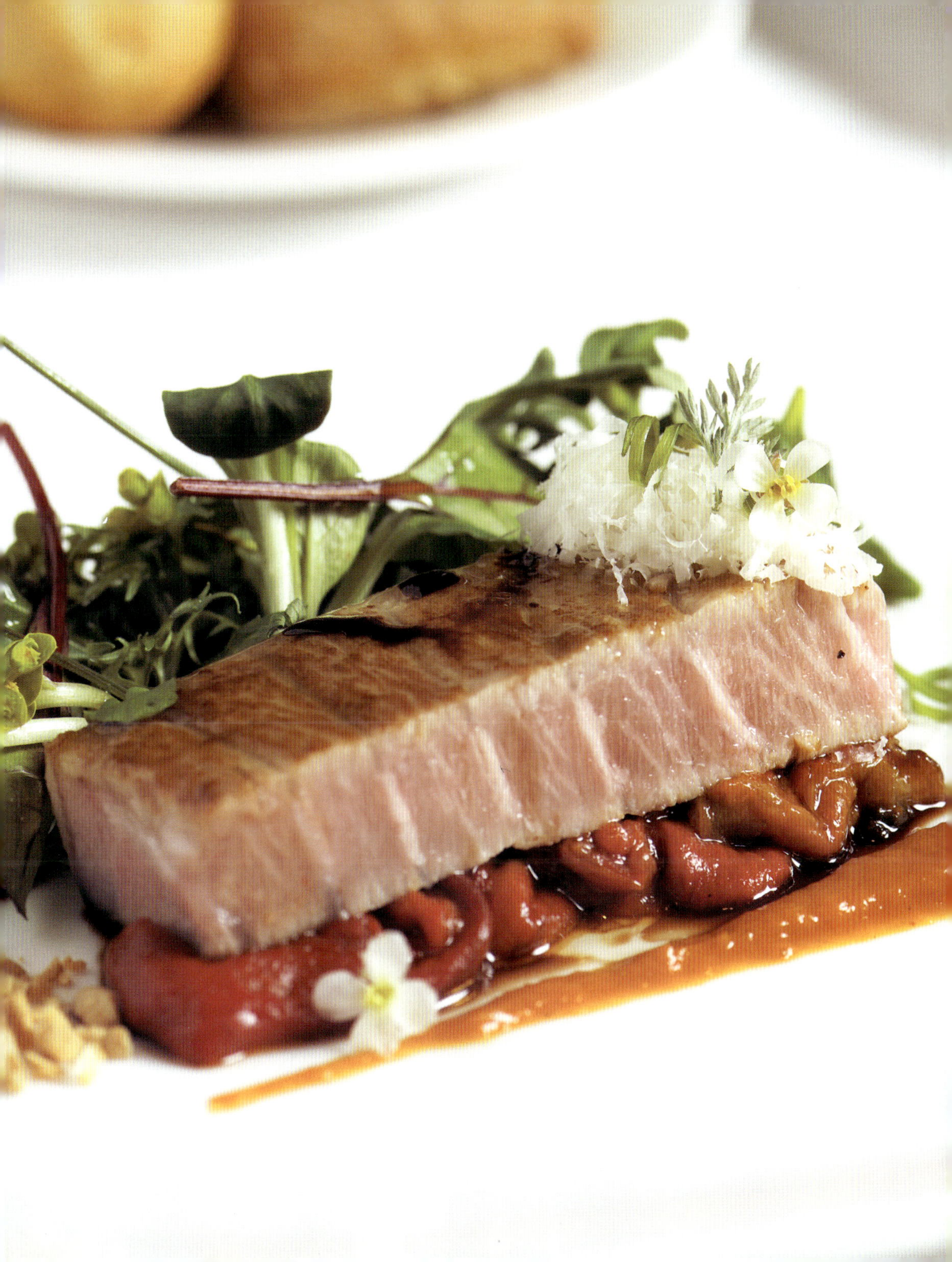

Enrique Martínez

Ragoût de bacalao en caldo con hortalizas y verduras

Ingredientes para 4 personas
Para el bacalao y los carabineros:
1 kg de lomo de bacalao extra
Aceite de oliva
4 ajos
1/2 kg de carabineros

Para la vinagreta de jengibre:
50 ml de aceite de oliva
20 ml de vinagre balsámico
20 ml de vinagre de vino
10 ml de agua
Ralladura de jengibre
Sal
Pimienta negra molida

Para las verduras y hortalizas:
4 alcachofas
4 espárragos trigueros
100 g de borrajas
4 tomates
100 g de tirabeques
4 pimientos de cristal
100 g de cardo
4 zanahorias
4 ajetes
4 patatas
4 láminas de nabo
100 g de hongos y rebozuelos
100 g de espinacas
2 berenjenas
2 ajos
100 g de jamón de Jabugo en tacos

El vino

Sírvase con un vino blanco moderno fermentado en barrica de D.O. Navarra, de la variedad chardonnay, o con un blanco fermentado en barrica de D.O.Ca. Priorat, elaborado con viognier.

Las verduras y hortalizas: Se cuecen todas las verduras y hortalizas por separado. Una vez cocidas se forma con ellas un bouquet y se arreglan con un caldo de verduras. Se les incorpora un *roux* de ajo y jamón de Jabugo.

El bacalao y los carabineros: Se limpia el bacalao y se le quitan la piel y las espinas. Se envasa al vacío con aceite de oliva y ajos. Antes de servir se confita en un caldo de verduras con gelatina de bacalao a 60°.

Se cocinan al vapor los carabineros y se aliñan con la vinagreta de jengibre.

El consomé: Se cuecen las verduras en el horno a 140° para no requemar los jugos de las verduras y se reserva una cuarta parte de las mismas para la presentación. Con el resto se prepara un consomé y se deja reducir hasta conseguir la textura y el sabor deseados.

Presentación: En el fondo del plato se coloca el carabinero aliñado y el taco de bacalao confitado, acompañado de todas las hortalizas y verduras que se tenían reservadas. Se sirve aparte el consomé de verduras y hortalizas.

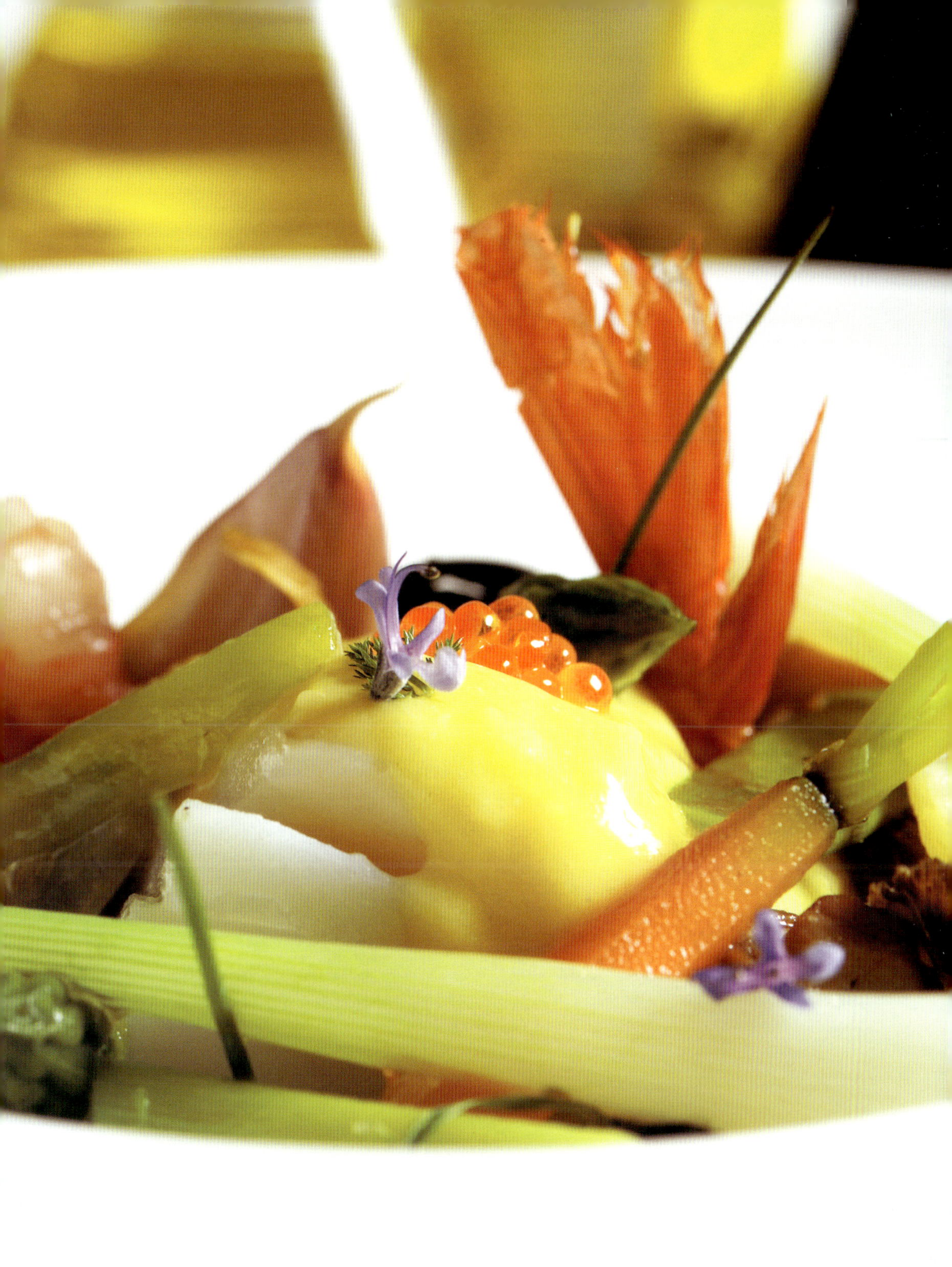

Enrique Martínez | Borraja con malvices guisadas

Ingredientes para 4 personas
Para la borraja:
4 borrajas de la Ribera
1 patata
Aceite de oliva virgen
4 ajos morados
1 l de fondo de carne
2 l de agua mineral

Para las malvices guisadas:
4 dl de escabeche de codorniz
4 malvices de tiro y preparadas para asar
1 nuez de mantequilla
4 láminas de jengibre fresco muy finas
4 g de pimienta negra
La piel de 1 limón
2 cebollas pochadas con jugo de ave
1 ramillete de hierbas aromáticas
Sal gris
1/2 l de caldo de ave

El vino
Servir con un vino tinto maduro de D.O. Navarra, elaborado con tempranillo, con un vino tinto con un largo paso por barrica de D.O. Valdepeñas, de la variedad cencibel (tempranillo).

La borraja: Se corta la borraja en trozos de 8 centímetros sin limpiarla de sus bordes característicos.

Para cocer la borraja se lleva a ebullición el agua con una parte de caldo y se introduce en la olla la borraja con la patata. Se baja el fuego y una vez la patata esté lista se extrae la borraja y se escurre.

Se arregla la borraja con un sofrito de aceite de oliva y ajos enteros. Antes de servir se retiran los ajos y se calienta en el horno a baja temperatura, mientras se glasea con el jugo de las malvices y jengibre fresco rallado.

Las mavices guisadas: Se doran las malvices con mantequilla y se introducen por separado en cuatro bolsas de vacío junto con 1 decilitro de jugo de escabeche, una lámina de jengibre, un trozo muy pequeño de canela, un grano de pimienta negra, un pedazo de piel de limón y abundante cebolla en cada una. Se cuecen 25 minutos a 75º en un horno al vapor. Se extraen las malvices de la bolsa, se recuperan los jugos, se montan y se rectifican con caldo de ave y mantequilla. Se glasean las codornices con el fondo y se reservan.

Presentación: Se colocan en el plato las porciones de malviz y la borraja y se sazona con sal gris y hierbas aromáticas.

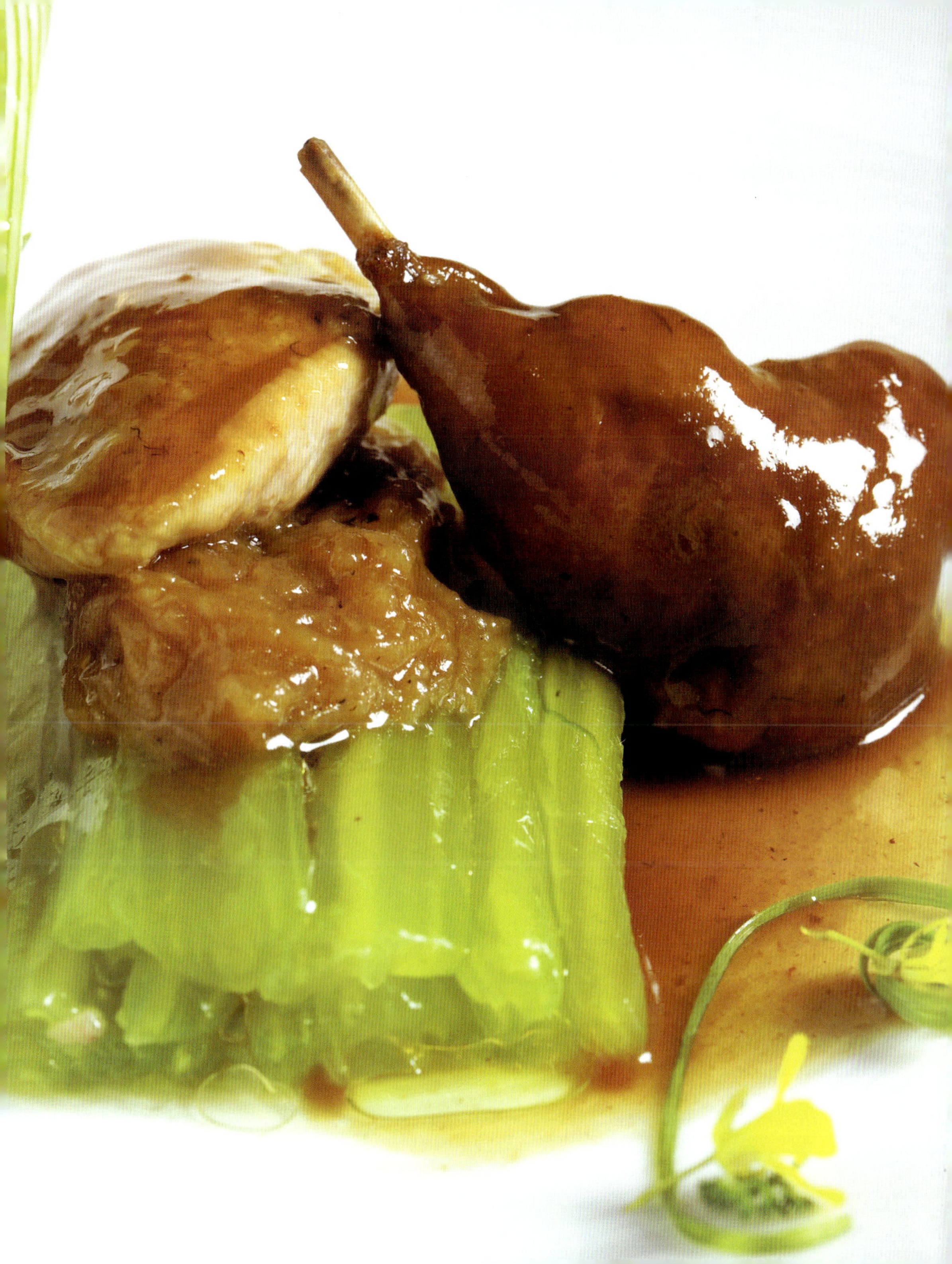

Enrique Martínez | Raviolis de morcilla

Ingredientes para 6 personas
Para la farsa de los raviolis:
1 kg de morcilla de Burgos
200 g de cebolla pochada
100 ml de nata

Para la pasta:
400 g de pasta fresca de ravioli
Agua
Sal

Para la compota de manzana:
1 kg de manzanas peladas
100 g de azúcar
1 rama de canela
2 dl de agua

Para la salsa española:
1/2 l de caldo oscuro de vaca
30 g de mantequilla
1 dl de aceite de oliva
30 g de harina
1 cebolla picada
1/2 zanahoria picada
1 puerro picado
1 cucharada de apio blanco picado

Para la salsa de vainilla:
1/2 l de salsa española
2 ramas de vainilla
50 g de azúcar

El vino
Servir con un vino tinto maduro con crianza en barrica de D.O. Navarra, elaborado con cabernet, merlot y tempranillo, o con un tinto con crianza maduro de la Ribera del Queiles, de las variedades cabernet sauvignon, merlot, tempranillo y garnacha.

La farsa de los raviolis: Se mezclan la morcilla con la cebolla y la nata y se trituran hasta conseguir una masa homogénea. Se deja reposar en el frigorífico 12 horas.

La pasta: Se cuece la pasta fresca en agua y sal hasta que esté al dente y se reserva el agua de cocción. Se rellena la pasta con la farsa de morcilla y antes de servirla se calienta en el horno a baja temperatura.

La compota de manzana: Se mezclan las manzanas con el azúcar, la rama de canela y el agua. Se cuecen en el microondas a máxima temperatura durante 15 minutos. Entonces se tritura todo hasta conseguir una compota brillante y homogénea. Se deja enfriar y reposar en el frigorífico.

La salsa española: Se calienta el aceite y la mantequilla en un recipiente con fondo difusor, se añaden las verduras y se deja que se doren sin que se quemen; se agrega la harina y se deja que se tueste durante 2 o 3 minutos a fuego lento. Se incorpora el caldo poco a poco y removiendo. Se deja cocer unos 45 minutos sin tapar. Se cuela y se corrige el punto de sal y pimienta.

La salsa de vainilla: Se prepara un caramelo con el azúcar y se mezcla con la salsa española. Se deja hervir durante 20 minutos hasta obtener una salsa brillante.

Presentación: Se fondea el plato con una lágrima de manzana y se napa con la salsa de vainilla. Es opcional acompañar los raviolis con una rodaja de manzana.

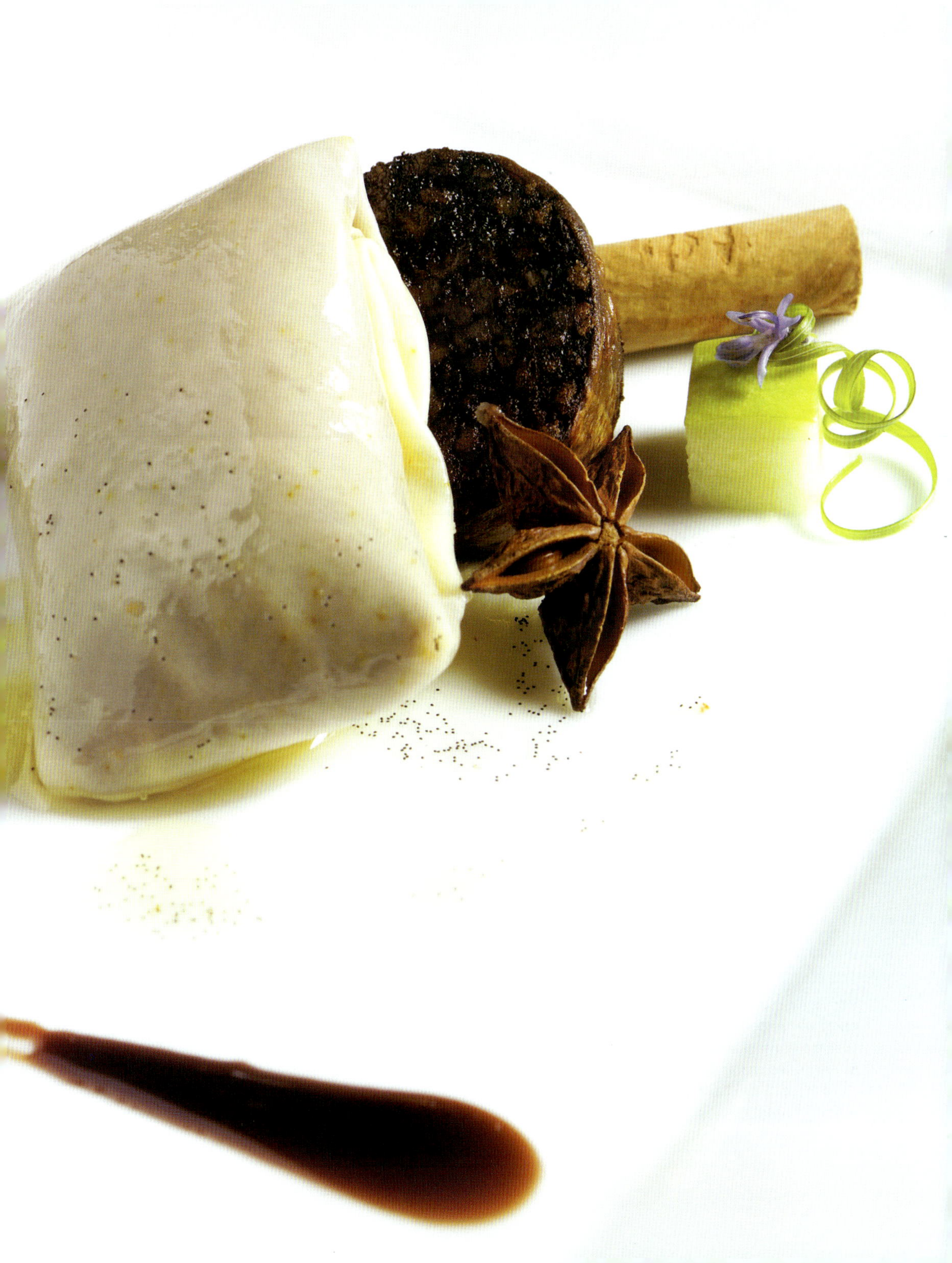

Nicolás Ramírez

Lasaña de chipirones con aceite de cebollino y su tinta

Ingredientes para 4 personas
Para el calamar:
1/2 kg de calamares o chipirones
1 pimiento verde
1 cebolla
1 diente de ajo
40 g de harina de trigo
Tinta de calamar
1/2 l de salsa de tomate
15 cl de vino blanco
Sal
Pimienta

Para el aceite de cebollino:
Aceite de oliva
1/4 l de aceite de girasol
1 manojo de cebollino
1 cucharada de tinta de chipirón

Para la cebolla crujiente:
1 cebolla
Aceite de oliva

Para la pasta:
200 g de pasta de lasaña
Agua
Aceite
Sal

El calamar: Se cuece el calamar en agua con sal y vino blanco hasta que esté tierno. Se trocea en dados y se reserva el caldo de cocción.

Se pochan una cebolla y el pimiento verde cortados finos en aceite de oliva de ajo. Se incorporan el calamar troceado, la salsa de tomate y la harina. Se va agregando el caldo de cocción del calamar hasta conseguir una masa cremosa como una bechamel; se añaden las tintas y se salpimenta.

El aceite de cebollino: Se macera durante 48 horas un manojo de cebollino en un cuarto de litro de aceite de girasol. Se tritura en la Thermomix y se cuela. Se corta este aceite con tinta de chipirón.

La cebolla crujiente: Se parten con un cortafiambres unas ruedas de cebolla muy finas y se fríen en aceite de oliva de 180° hasta que estén doradas y crujientes. Se depositan sobre un papel para eliminar el exceso de grasa.

La pasta de lasaña: Se cuecen 20 láminas de pasta de lasaña en abundante agua con aceite y sal durante 2 minutos. Se enfrían en agua y hielo para cortar la cocción. Con ayuda de un cortapastas se cortan cuatro láminas para cada lasaña.

sigue en página siguiente

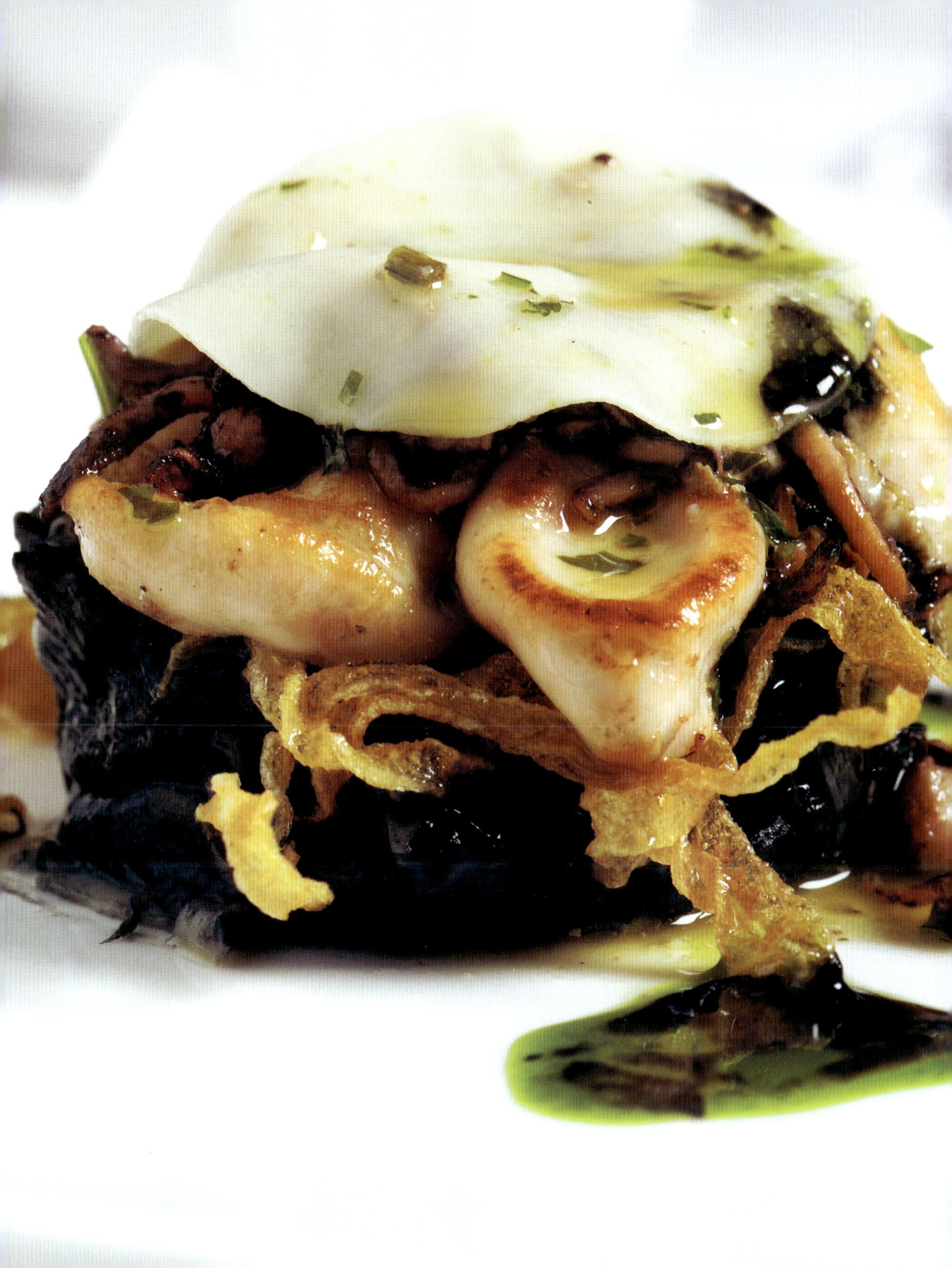

El vino

Acompañar de un vino tinto sin crianza y con personalidad con D.O. Navarra, elaborado con graciano y garnacha, o de un tinto de media crianza moderno con D.O. Bierzo, de la variedad mencía.

Presentación: En un molde se coloca una lámina de pasta y se cubre con el relleno de chipirón, encima se pone otra de pasta y otra de chipirón, y se vuelve a cubrir con pasta. A continuación, se coloca la cebolla crujiente y unos chipirones salteados con aceite de oliva, ajo picado y perejil. Se cubre la lasaña con otra lámina de pasta.

Se hace una emulsión con el aceite sobrante de saltear los chipirones y el caldo de cocción del calamar.

Se coloca en un lado la lasaña y se marca con unas rayas de aceite de cebollino y chipirón. Se napa con la emulsión y se decora con perifollo y cebollino picado.

Bogavante asado con pasta fresca, hongos *beltza* y trufa, jugo de su coral y crujiente de Jabugo

Nicolás Ramírez

Ingredientes para 4 personas
Para la pasta fresca con crema:
200 g de pasta fresca (huevo, espinaca y chipirón)
4 filetes de jamón ibérico
4 ajos
15 cl de fondo de ternera oscuro
5 cl de nata fresca
Pimienta
2 cucharadas de perejil picado
100 g de hongos beltza

Para la salsa de trufas:
Aceite de oliva
2 cebollas
4 cucharaditas de vino de Oporto
3 dl de fondo de ternera oscuro
15 g de mantequilla
1 cucharada de trufa fresca (Tuber melanosporum)
Sal
Pimienta

Para los bogavantes:
2 bogavantes
Ajo picado
Perejil picado
Aceite de oliva

La salsa de trufas: Se pican finamente las cebollas y se rehogan a fuego muy suave con mantequilla durante 20 minutos. Se agrega el Oporto y se reduce a la mitad.

Se riega la reducción con el fondo de ternera oscuro y se cocina hasta que queden 10 cucharadas. Se sazona con sal y pimienta y se añade la mantequilla fuera del fuego, dando al cazo un movimiento de rotación. En el momento de servir, se ralla la trufa sobre la salsa.

Los bogavantes: Se cuecen los bogavantes en agua y sal durante 30 segundos. Se extraen de la cáscara las colas y las pinzas. Se marcan en una sartén con aceite de oliva virgen y ajo y perejil picados.

El jugo de su coral: Se trocean las cabezas de bogavante y se marcan en la sartén hasta que tomen color. Se incorporan dos dientes de ajo, cebolla, zanahoria y puerro bien picados. Se baja la intensidad del fuego y se rehogan durante unos minutos; se flambean con el coñac. Se añaden el caldo de pescado y el tomate frito. Se hierve todo durante 15 minutos, se cuela y se emulsiona en aceite.

sigue en página siguiente

Para el jugo de su coral:
*Las cabezas de bogavante
2 dientes de ajo
1 cebolla
2 zanahorias
1 puerro
1 copa de coñac
1 vaso de caldo de pescado
2 cucharadas de tomate frito
Aceite de oliva virgen extra*

Para el crujiente de Jabugo:
8 filetes de jamón de Jabugo

El vino

Sírvase con un vino blanco moderno y con carácter, fermentado en barrica, de D.O. Navarra, de la variedad chardonnay, o con un vino blanco fermentado en barrica de D.O. Valdeorras, elaborado con godello.

La pasta fresca con crema: En una sartén con aceite de oliva se doran el ajo y el jamón ibérico cortado en juliana fina; a continuación se incorporan los hongos *beltza* laminados y se saltean brevemente a fuego fuerte. Se añade entonces el fondo de ternera oscuro y se deja hervir el conjunto durante 5 minutos a fuego suave. Se termina la crema con nata fresca, pimienta negra, perejil picado y trufa rallada. Se cuece la pasta fresca al dente y en el momento de servir se mezcla con esta crema.

El crujiente de Jabugo: Se seca el jamón en el horno a 160º durante 15 minutos entre dos silpat.

Presentación: Se coloca la pasta fresca en el centro del plato, sobre ella el medio bogavante asado napado con el jugo de su coral. Se rodea con salsa de trufas y se corona con el crujiente de Jabugo y unas láminas de trufa fresca.

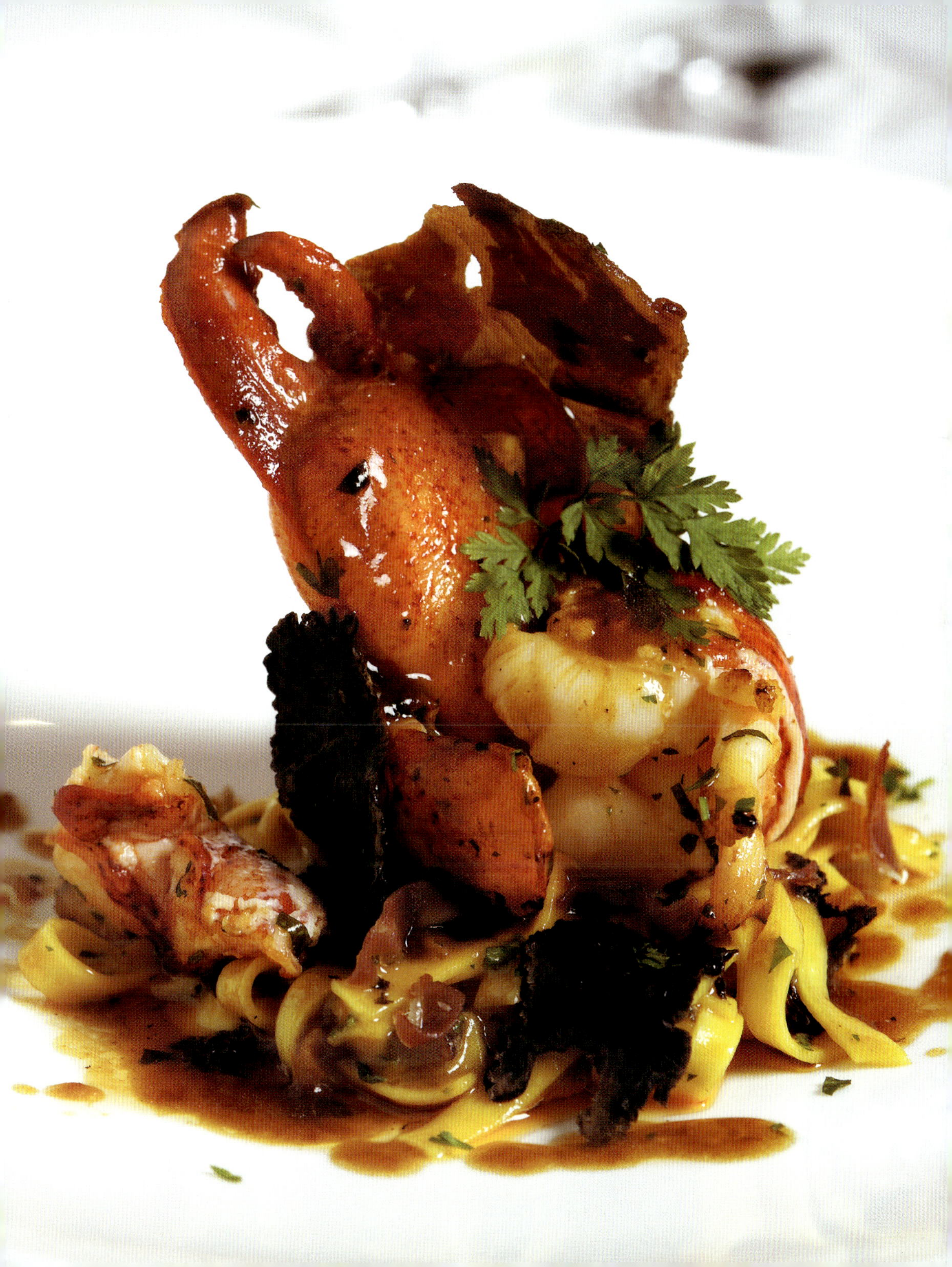

Alcachofas fritas con tocino de cerdo, setas de temporada, cigalitas, almendras tostadas y jugo de otoño

Nicolás Ramírez

Ingredientes para 4 personas
Para las alcachofas:
8 alcachofas
1 vaso de harina
Aceite

Para la glasa de ternera:
3 kg de pecho de ternera (o la parte superior de la pierna)
2,5 kg de huesos de ternera de la rodilla
1 pie de ternera
4 cebollas medianas
1 cabeza de ajos
3 puerros
3 zanahorias medianas
1 manojo de perejil
2 clavos olorosos pinchados en una de las cebollas
8 g de pimienta negra
1 hatillo de hierbas (tomillo, perifollo, hoja de laurel)
60 cl de vino blanco
30 cl de aceite de oliva
50 g de sal gorda
9 l de agua

Para el salteado de setas de temporada:
Selección de setas: angula de monte, trompeta de los muertos, hongos beltza, lengua de vaca, senderuelas y chantarellus (sisa ori)
100 g de tocino de cerdo
La glasa de ternera
Perejil picado

Las alcachofas fritas: Se pelan las alcachofas eliminando sus hojas externas más duras y la punta, de forma que quede sólo el corazón y las hojas más tiernas. Se laminan con 1 centímetro de grosor aproximadamente. Se rebozan ligeramente con harina y se fríen en aceite de oliva virgen a 170°, hasta que el corazón quede tierno y las puntas ligeramente doradas.

La glasa de ternera: Se trocean la carne de ternera y los huesos y se asan en el horno hasta que adquieran un bonito tono de asado. Se desglasan en la bandeja con el vino blanco para obtener los jugos.

Se ponen en una olla los huesos, la carne de ternera, todas las verduras excepto la cebolla, las hierbas aromáticas y el jugo obtenido de desglasar la bandeja. Se rehoga todo durante 10 minutos, se vierte agua abundante y se lleva a ebullición. Se espuma a menudo para eliminar las impurezas. Se deja que cueza poco a poco durante 4 horas desde el momento en que arranque a hervir. Se parte la cebolla por la mitad, sin quitarle la piel; se quema sobre una plancha de la cocina y se añade al fondo, que se oscurecerá. Transcurridas 4 horas, se retiran la carne, los huesos y las verduras, se desgrasa y se cuela el caldo resultante. Se deja que el fondo repose y se va retirando la grasa que, al enfriarse, flotará en su superficie. El resultado final será un fondo de color ámbar oscuro, suculento y limpio de partículas. Después de reducir el fondo de ternera a su décima parte se consigue la glasa, con la consistencia de un jarabe.

sigue en página siguiente

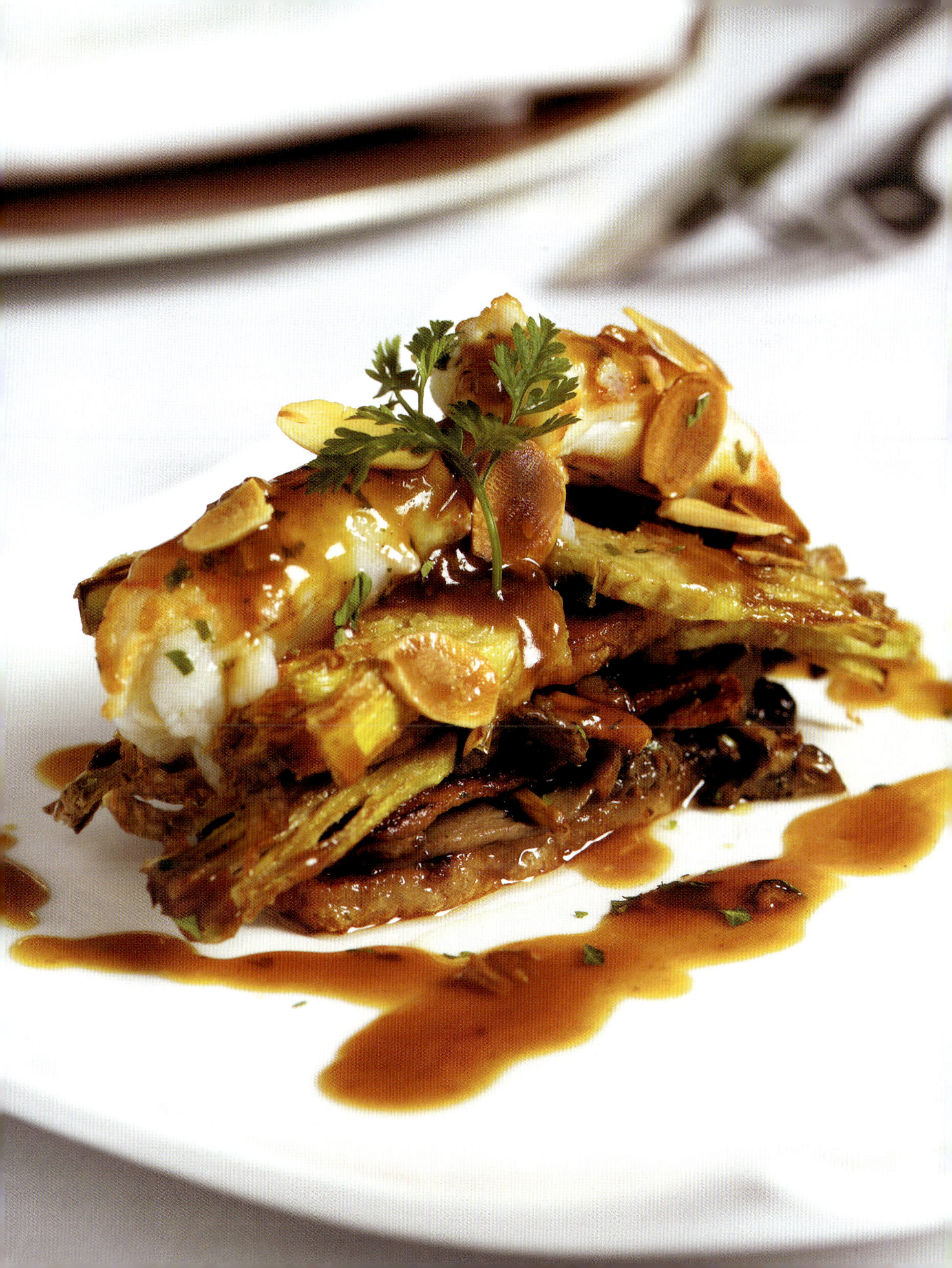

Para el tocino:
400 g de tocino de cerdo
500 g de sal
150 g de pimentón
1 cebolla
1 zanahoria
1 puerro
1 tomate

Para la cigala salteada:
8 cigalas
Aceite
1/2 l de caldo de ave

Para el jugo de otoño:
100 g de jamón ibérico
La glasa de la ternera
El jugo de las cigalas

Para las almendras tostadas:
100 g de almendras laminadas
Aceite

El vino

Servir con un vino rosado de D.O. Navarra, de la variedad garnacha, o con un vino tinto moderno criado en barrica de D.O. Navarra, elaborado con garnacha.

El salteado de setas de temporada: Se limpian concienzudamente los hongos y las setas, eliminando todos los restos de tierra. Se laminan las de mayor tamaño y se dejan enteras las pequeñas. En una sartén con aceite virgen, se dora un poco de grasa de jamón finamente picada. Se incorporan todas las variedades de setas y se saltean durante unos minutos. Se añade la glasa de ternera y el perejil picado y se reserva.

El tocino: Se mezcla la sal con el pimentón y se embadurna con esta mezcla el tocino. Se deja 3 horas. Transcurrido este tiempo se lava bajo el chorro de agua fría para eliminar todos los restos de sal y pimentón. Se coloca el tocino junto con el resto de las verduras (cebolla, zanahoria, puerro y tomate) en una perola y se cubre con agua fría. Se cuece durante 5 horas a fuego muy suave, el justo para mantener el hervor. Se enfría el tocino en el frigorífico y se reserva. Se corta el tocino en láminas finas, se marca sólo por una cara en una sartén de teflón y se reserva.

La cigala salteada: Se pela la cigala y se saltea en la sartén de teflón con aceite de oliva, procurando que su parte externa quede ligeramente dorada. Se reserva la cigala y se desglasa la sartén con caldo de ave para obtener los jugos incrustados y reservarlos para la salsa.

El jugo de otoño: Se pican todas las variedades de setas y se saltean levemente con jamón ibérico. Se incorpora la glasa de ternera y se hierve durante unos minutos hasta que las setas de impregnen del sabor y aroma de la salsa. Se incorpora también el jugo obtenido de saltear las cigalas.

Las almendras tostadas: Se doran en una sartén las almendras laminadas con una gota de aceite de oliva.

Presentación: Se colocan en el centro del plato las setas de temporada entre dos filetes de tocino; encima, las alcachofas fritas y la cigala salteada. Se salsea con el jugo de otoño y se incorporan las almendras tostadas.

Torrijas caramelizadas con helado de almendra, sopa de niño y burbujas de canela

Nicolás Ramírez

Ingredientes para 4 personas
Para el brioche:
350 g de harina
5 huevos
50 ml de leche templada
190 g de mantequilla
10 g de levadura de panadería
25 g de azúcar
5 g de sal

Para el baño de torrijas:
1/2 litro de leche
1/2 litro de nata
200 g de yemas
150 g de azúcar
1 rama de canela
1 vainilla de Tahití
50 g de mantequilla

Para el helado de almendra:
1 l de leche
5 yemas
300 g de praliné de almendra
300 g de azúcar
50 g de estabilizante

Para la sopa de niño:
1/2 l de leche
25 g de mantequilla
125 g de almendra en polvo
50 g de miga de pan
1 rama de canela
150 g de canela

El brioche: Se hace una masa con todos los ingredientes excepto la mantequilla. Se amasa durante unos 10 minutos hasta que se despegue de las paredes. Entonces, se añade la mantequilla poco a poco, según la vaya admitiendo la masa. Se amasa hasta conseguir con la mano una telilla fina de unos 20 centímetros. Se coloca en un bol con papel transparente (film) a temperatura templada durante media hora y se deja después en el frigorífico durante 3 o 4 horas.

Pasado este tiempo, se vuelve a trabajar la masa y se introduce en un molde forrado de papel sulfurizado con forma de terrina y se deja que fermente en un lugar templado (entre 3 y 25° C). Una vez que haya subido, se hornea a 180° durante 15 o 20 minutos. Se desmolda y se deja enfriar.

El baño de torrijas: Se hierven la leche y la nata junto con la canela y la vainilla, y se deja infusionar hasta que se enfríe por completo. Se baten las yemas y se añaden a la infusión.

Se trocea el brioche y se empapa en esta mezcla durante 2 horas. Se escurren las torrijas y se caramelizan en una sartén con unos dados de mantequilla y un poquito de azúcar por todas las caras.

El helado de almendra: Se mezclan todos los ingredientes menos la leche. Se hierve la leche y se vierte sobre la mezcla batiendo con una varilla. Se deja enfriar y se pasa por la heladora.

sigue en página siguiente

Para las burbujas de canela:
*10 cl de leche entera
Canela en polvo
Hielo seco para la presentación
100 g de pasta filo
1 vaso de jarabe*

El vino

Servir con un vino blanco dulce de vendimia tardía, con poca crianza, de la Tierra de Navarra, de la variedad chardonnay, o con un blanco dulce criado en barrica de D.O. Málaga, de la variedad moscatel de grano menudo.

La sopa de niño: Se rehoga la miga de pan con la mantequilla y se añaden el resto de ingredientes. Se deja hervir a fuego lento durante 20 minutos removiendo continuamente. Se enfría en el frigorífico, se pasa por la Thermomix y se cuela.

Las burbujas de canela: Se corta en rectángulos la pasta filo y con una brocha se unta con una mezcla de jarabe y canela en polvo. Se envuelve con la pasta filo un molde cilíndrico y se hornea a 180º durante 8 minutos aproximadamente. Se deja enfriar, se desmolda y se reserva. Se mezcla la leche con la canela en polvo y se guarda en el frigorífico.

Presentación: Se calienta durante unos minutos una torrija (si fuera necesario) en el horno; se coloca en el centro del plato y sobre ella el helado de almendra. Se salsea con la sopa de niño y se coloca a un lado el cilindro crujiente de canela. Se introducen en el cilindro unos gramos de hielo seco y, ya en la mesa, se vierte en su interior la leche con canela.

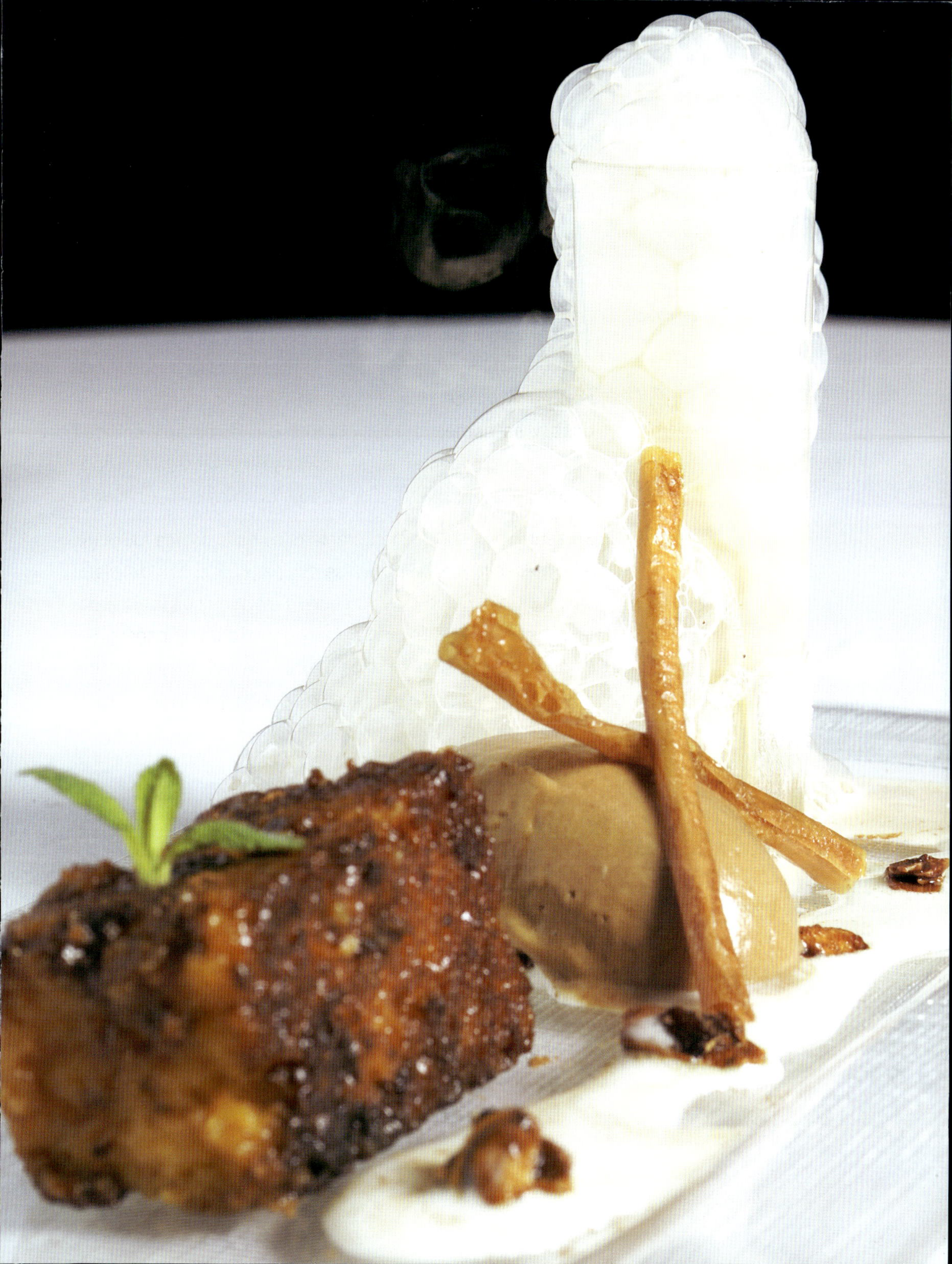

Nicolás Ramírez

Sopa de piña con helado de queso, espuma de coco y frutas

Ingredientes para 4 personas
Para la sopa de piña:
500 g de piña
200 g de almíbar (100 g de agua y 100 de azúcar)

Para la espuma de coco:
140 g de puré de coco
60 g de leche
25 g de azúcar
1 hoja de gelatina

Para el helado de queso:
200 g de queso Quark (semidesnatado)
80 g de azúcar
20 g de glucosa
25 g de nata
50 g de leche
300 g de azúcar
50 g de estabilizante

Para las frutas:
Piña
Fresa
Mango
Kiwi

El vino
Sírvase con un vino blanco de vendimia tardía, con paso por barrica, de D.O. Navarra, de la variedad moscatel, o con un blanco dulce criado en barrica de D.O. Málaga, de la variedad moscatel de grano menudo.

La sopa de piña: Se elabora el almíbar con la misma cantidad de agua que de azúcar (100 gramos de agua y 100 de azúcar). Si la piña está muy madura, se sustituye una parte del almíbar por la misma cantidad de agua.

Se limpia la piña y se tritura con el almíbar en la Thermomix o con la Turmix. Se pasa por un chino y se mantiene en una cámara que esté bien fría.

La espuma de coco: Se calienta la mitad de la leche y se le añade la hoja de gelatina que previamente ha estado en remojo con agua fría. Se junta con el resto de ingredientes. Se deja enfriar en el frigorífico y se carga con ella el sifón.

El helado de queso: Se calienta la glucosa con la leche hasta que se diluya; se deja enfriar y se une al resto de ingredientes. Se pasa por la Thermomix o el Turmix, se deja reposar y se introduce en la sorbetera. Antes de este paso el helado debe madurar en la cámara por lo menos unas 12 horas, para que sus elementos mejoren sus propiedades y el estabilizante se hinche.

Las frutas: Se limpian las frutas y se cortan en daditos. Las frutas pueden variar según la temporada.

Presentación: En una copa de cóctel se colocan las frutas y se cubren con la sopa de piña. Se añade una *quenelle* de helado de queso y se culmina con la espuma de coco. Se decora con una hojita de menta fresca.

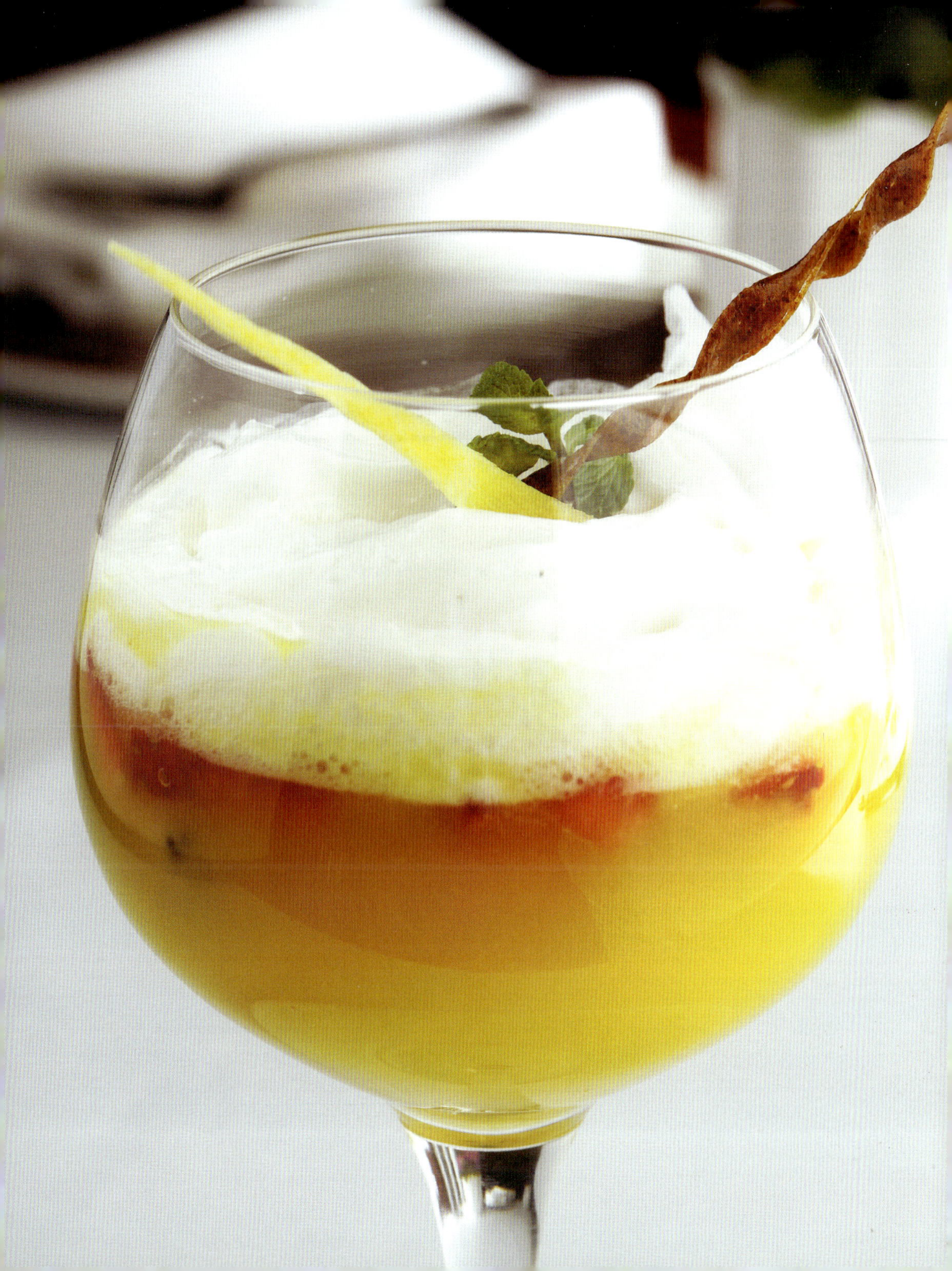

Lomo de bacalao confitado con pastel de hígado ahumado y caldo picante de hongos

Koldo Rodero

Ingredientes para 6 personas
Para el pastel de hígado de bacalao ahumado:
300 g de hígado de bacalao escurrido (ya viene ahumado)
30 g de nata
30 g de caldo de bacalao
0,3 g de agar agar
1/2 hoja de gelatina
100 g de pistacho picado

Para la sopa de hongos:
1 chalota
1 cebolleta fresca
1 pizca de ajo
20 g de salicornia
5 dl de caldo de gallina
100 g de hongo fresco
100 g de tripas de bacalao
1 cayena
Aceite de oliva

Para el bacalao:
4 tacos de lomo de bacalao desalado de 130 g
Aceite de ajos

Para las tripas de bacalao:
100 g de tripas de bacalao
1 zanahoria
1 cebolla
1 puerro

El vino

Sírvase con un cava brut nature fresco y con poca crianza, elaborado con chardonnay, o con un vino blanco joven y con acidez de D.O. Navarra, de la variedad chardonnay.

El pastel: Se ablanda la gelatina en agua, se escurre, se mezcla con el caldo de bacalao y el agar agar y se lleva a ebullición. Se coloca en un vaso de la Thermomix el hígado de bacalao y la nata y se añaden el caldo con el agar agar y la gelatina. Se tritura, se cuela y se deja enfriar en recipientes rectangulares. Una vez frío, se corta en porciones y se reboza con el pistacho picado.

La sopa de hongos: Se rehogan en aceite la chalota con la cebolleta y el ajo picado; cuando esté blando se añade la salicornia, el hongo picado y las tripas de bacalao. Se remueve bien el conjunto y se riega con caldo de gallina; entonces se agrega la cayena y se reduce hasta obtener el sabor deseado. Se pone a punto de sal y pimienta y se cuela por una estameña. Se elimina la capa de aceite y si es necesario se clarifica.

El bacalao: Se ruste la piel en una sartén antiadherente y se confita el bacalao en el aceite a 60º durante 8 minutos.

Las tripas de bacalao: Se ponen en un cazo con agua a cubrir todos los ingredientes, salvo las tripas, cortados a rodajas. Se cuecen a fuego lento durante 20 minutos. Se cuela y con el caldo resultante se cocinan las tripas de bacalao unos 10 minutos.

Presentación: En el fondo de un plato hondo se colocan las tripas de bacalao, sobre ellas el lomo de bacalao confitado y a un lado el pastel de hígado. Se acompaña con una pequeña ensalada de salicornia y se sirve el caldo de hongos al momento.

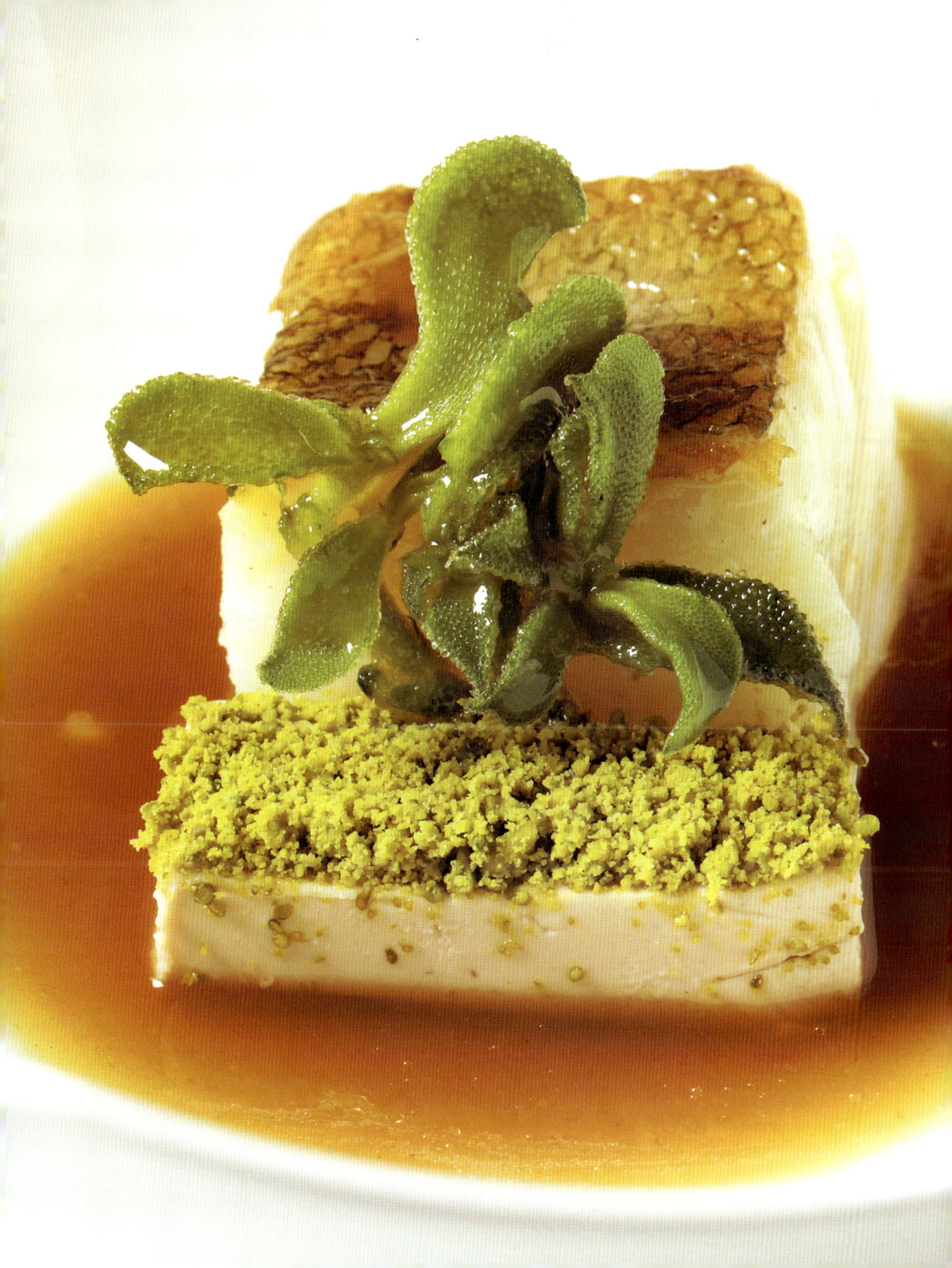

Koldo Rodero

Rulo de chipirón a baja temperatura con falso caviar

Ingredientes para 6 personas
Para los chipirones:
6 chipirones grandes
4 ajos
Sal Maldon
Tocino ibérico

Para la sopa de chipirón:
5 chipirones
2 cebollas
Sal
Pimienta
Aceite

Para el falso caviar:
300 g de salsa de chipirón
30 g de tapioca

Para la salsa de chipirón:
2 cebollas rojas
1 diente de ajo
300 g de retales de calamar
Fumet
1 cucharada de café de maizena
Tinta de calamar

Para el picadillo de almendra y la cebolla:
2 cebollas moradas
Aceite
100 g de almendras picadas
1 ajo

El vino
Sírvase con un vino blanco con breve paso por barrica de D.O. Navarra, de la variedad chardonnay, o con un blanco fermentado con poca barrica de D.O. Rueda, elaborado con verdejo.

Los chipirones: Se limpian los chipirones, de los que se utilizarán únicamente los cuerpos y se reservan los retales para la salsa. Se enrollan en forma de rulo con ayuda de papel transparente (film).

Se atan los extremos del rulo y se cuecen a 55º durante 90 minutos, dependiendo del grosor del chipirón, y se espolvorean con un poco de ajo frito.

La sopa de chipirón: Se pochan las cebollas. Cuando estén ya en su punto se añaden los chipirones ya limpios y se rehogan. Se agrega agua y se dejan cocer durante 3 horas. Se cuela y se sazona con sal y pimienta.

La salsa de chipirón: Se pocha la cebolla y el ajo sin llegar a tostar, se añaden los retales y se cocinan durante 5 minutos, se cubre de *fumet* y se cuece a fuego lento durante 20 minutos más. Al preparado resultante se le añade la maizena (previamente diluida con un poco de agua fría) y la tinta del calamar.

El falso caviar: Se lleva a ebullición la salsa de chipirón y se añade la tapioca. Se cuece durante 7 minutos y se reserva.

El picadillo de almendra y la cebolla: Se tuesta almendra picada y se mezcla con ajo picado frito. Se pocha en aceite la cebolla morada cortada fina.

Presentación: Se coloca en el fondo del plato una cucharada de cebolla morada pochada. Encima se pone el rulo de chipirón templado, y sobre él un poco de sal Maldon y una quenefa de falso caviar. Se espolvorea con el picadillo de almendra y se introduce en el centro una loncha fina de tocino ibérico templada. Por último se sirve la sopa.

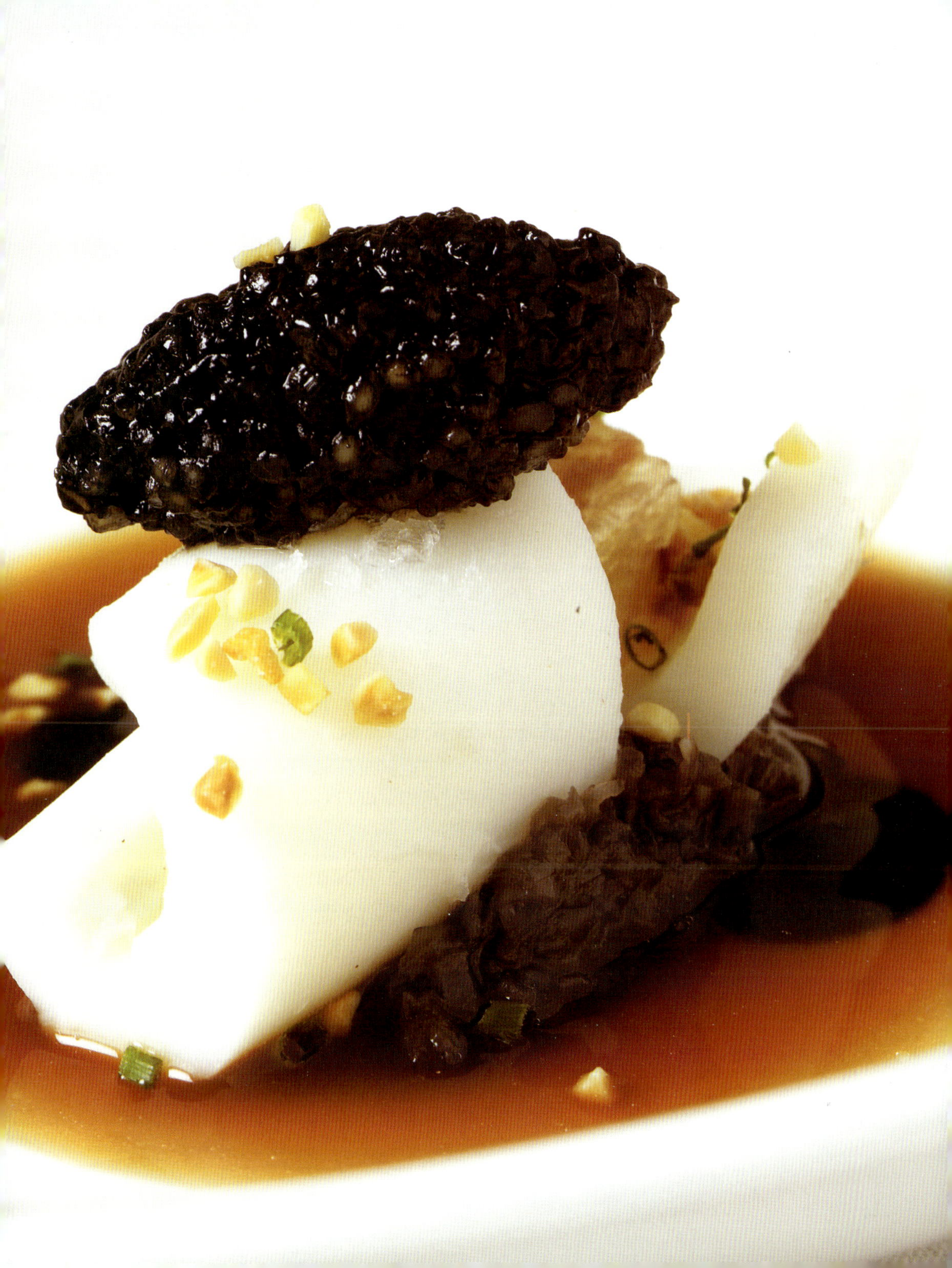

Koldo Rodero

Paella dulce

Ingredientes para 6 personas

Para las hortalizas:
6 pimientos rojos del piquillo
6 zanahorias
Vainilla
300 g de azúcar
300 ml de agua
6 tomates
Pimienta rosa
6 cebollitas babys
1 vaso de vino Pedro Ximénez
100 g de guisantes
50 g de regaliz en polvo

Para los arroces:
200 g de arroz salvaje
200 g de arroz verde vietnamita
2 l de leche
220 g de arroz blanco
1 rama de canela
1 corteza de limón
1 corteza de naranja
300 g de azúcar

Para el helado de azafrán:
125 g de azúcar
1 punta de vainilla
1/2 litro de leche
Hebras de azafrán

El vino

Acompáñese de un vino blanco dulce de vendimia tardía con D.O. Navarra, de la variedad moscatel de grano menudo, o de un Cava Gran Reserva dulce, elaborado con las variedades tradicionales xarel·lo, parellada y macabeo.

Las hortalizas: Se prepara un almíbar con agua y azúcar. Se corta en juliana el pimiento rojo del piquillo y se confita con vainilla y una parte del almíbar a 30°. Se ralla la zanahoria y se confita con canela y otra parte de almíbar. Se pelan los tomates y se despepitan. Se pican y se confitan con un poco de almíbar y pimienta rosa. Se pelan las cebollitas babys, se cuecen y se confitan con vino Pedro Ximénez. Se cuecen los guisantes y se confitan con regaliz en polvo y almíbar.

Los arroces: Se fríen con aceite a 200° el arroz salvaje y el verde para que se inflen y se reservan bien escurridos y un poco azucarados. Se prepara el arroz con leche tradicional. Para ello se pone a hervir la leche con el palo de canela y las cortezas de limón y naranja para que se aromatice. Cuando haya hervido se echa el arroz y se deja unos 20 minutos sin parar de remover con una cuchara de madera. Cuando esté cocido se añade el azúcar y se deja que dé un hervor, sin dejar de remover. Se retira del recipiente y se cuela.

El helado de azafrán: Se prepara una crema inglesa. Para ello se trabaja el azúcar con las yemas y la vainilla hasta lograr que la masa tenga consistencia. Se vierte encima sin dejar de remover la leche hirviendo y se pone al baño María hasta que cuaje. No debe hervir. Entonces se añaden a la crema hebras de azafrán o bien azafrán molido y se hace un helado con la heladera.

Presentación: Se colocan en un molde y en forma de corro las diversas hortalizas, una detrás de otra, formando un círculo. En el centro se pone un poco de arroz cocido y un poco de juliana de naranja y limón confitados. Encima se coloca el helado y sobre él los arroces fritos y un poco de canela. El caldo se vierte alrededor.

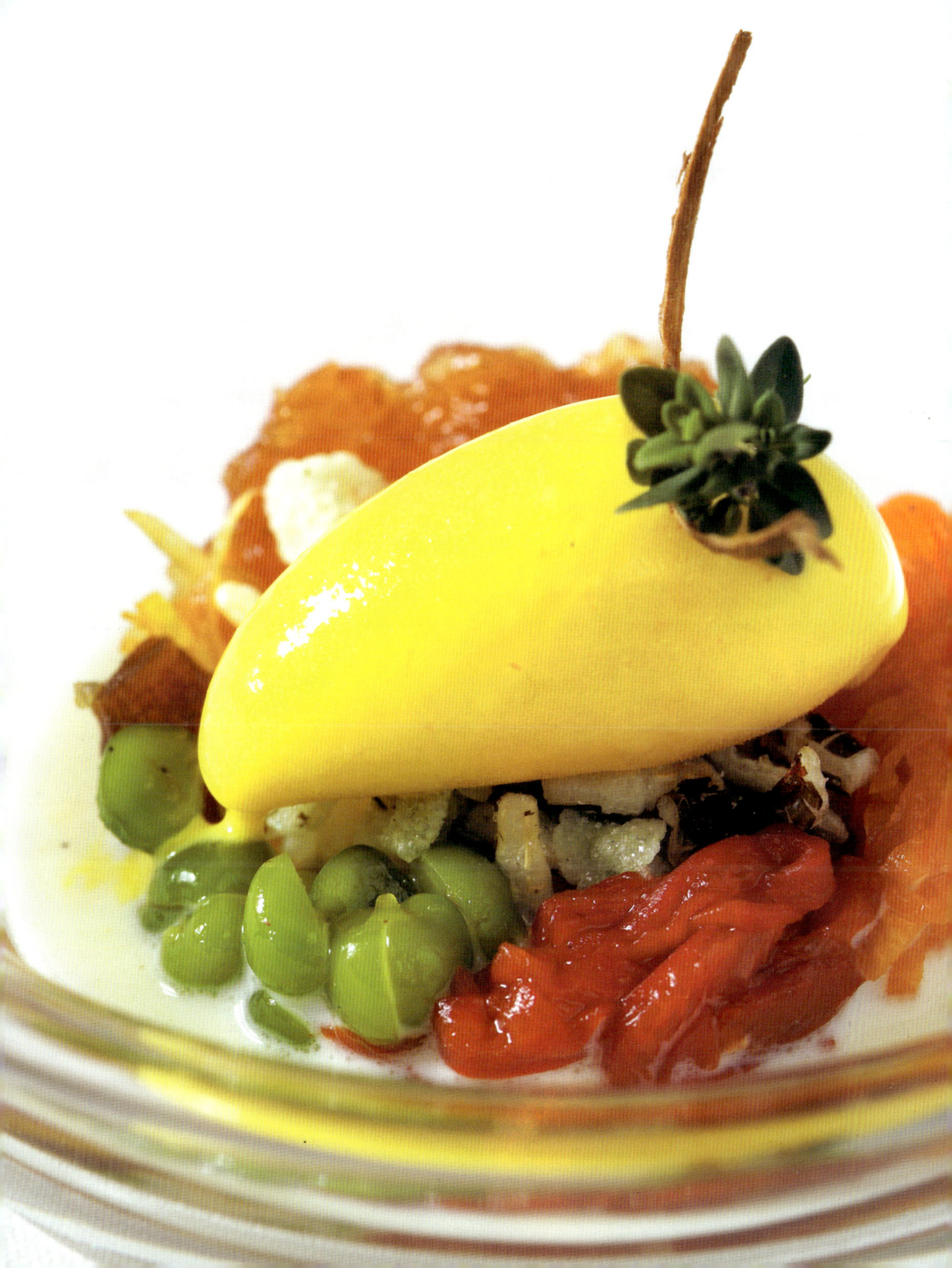

David Yarnoz

Ensalada de arroz y bogavante, aromatizada con regaliz de palo y curry, alcachofas, manzana y soja

Ingredientes para 4 personas
Para el bogavante:
2 bogavantes de 500 g

Para el arroz:
150 g de arroz
600 g de agua
10 g de curry

Para las alcachofas:
12 alcachofas

Para la presentación:
Bouquet *de brotes y hojas*
1 manzana
Regaliz de palo
Salsa de soja
Aceite de oliva virgen
Pétalos de taget
Germinado de rúcula
Glacé de ave

El vino
Sírvase con un vino blanco fermentado en barrica, de corte moderno, de D.O. Navarra, de la variedad chardonnay, o con un cava brut nature gran reserva, elaborado con macabeo, parellada y xarel·lo.

El bogavante: Se introduce una brocheta en cada bogavante desde la cola hasta la cabeza y se cuecen 4 minutos en el horno a vapor a 100°. Se refrescan en agua con hielo, se pelan sacando las brochetas por la parte superior y se reservan. Se guardan las cabezas para otro uso.

El arroz: Se lava durante 5 minutos en agua fría. Se disuelve el curry con agua tambien fría y se añade el arroz. Se cuece 20 minutos, se refresca y se extiende sobre papel sulfurizado. Se deshidrata a 80° durante 6 horas. Se fríe el arroz en aceite a 180° hasta que sufle. Se pone sobre papel absorbente, se sala y reserva.

Las alcachofas: Antes de su cocción se retiran las hojas exteriores y se colocan en agua acidulada. Una vez limpias se engrasan con un poco de aceite de oliva, se cuecen en un roner o en un horno a vapor 45 minutos a 90° (en caso de no utilizarlas al momento deben enfriarse rápidamente).

Presentación: Se corta el regaliz en cuatro pedazos que se introducen en las colas de los bogavantes. Se marcan éstas y se colocan en un lado del plato. En la misma sartén se saltean las alcachofas cortadas en cuartos y se reparten en el plato. Se coloca un *bouquet* de diferentes brotes y hojas y se aliña con la mezcla de salsa de soja y aceite de oliva virgen (en una proporción de 1 a 5). Sobre el *bouquet* se coloca el arroz, los pétalos de flor, el germinado, la manzana cortada en una pequeña *brunoise* y se termina con un pequeño cordón de glacé de ave y aceite de oliva.

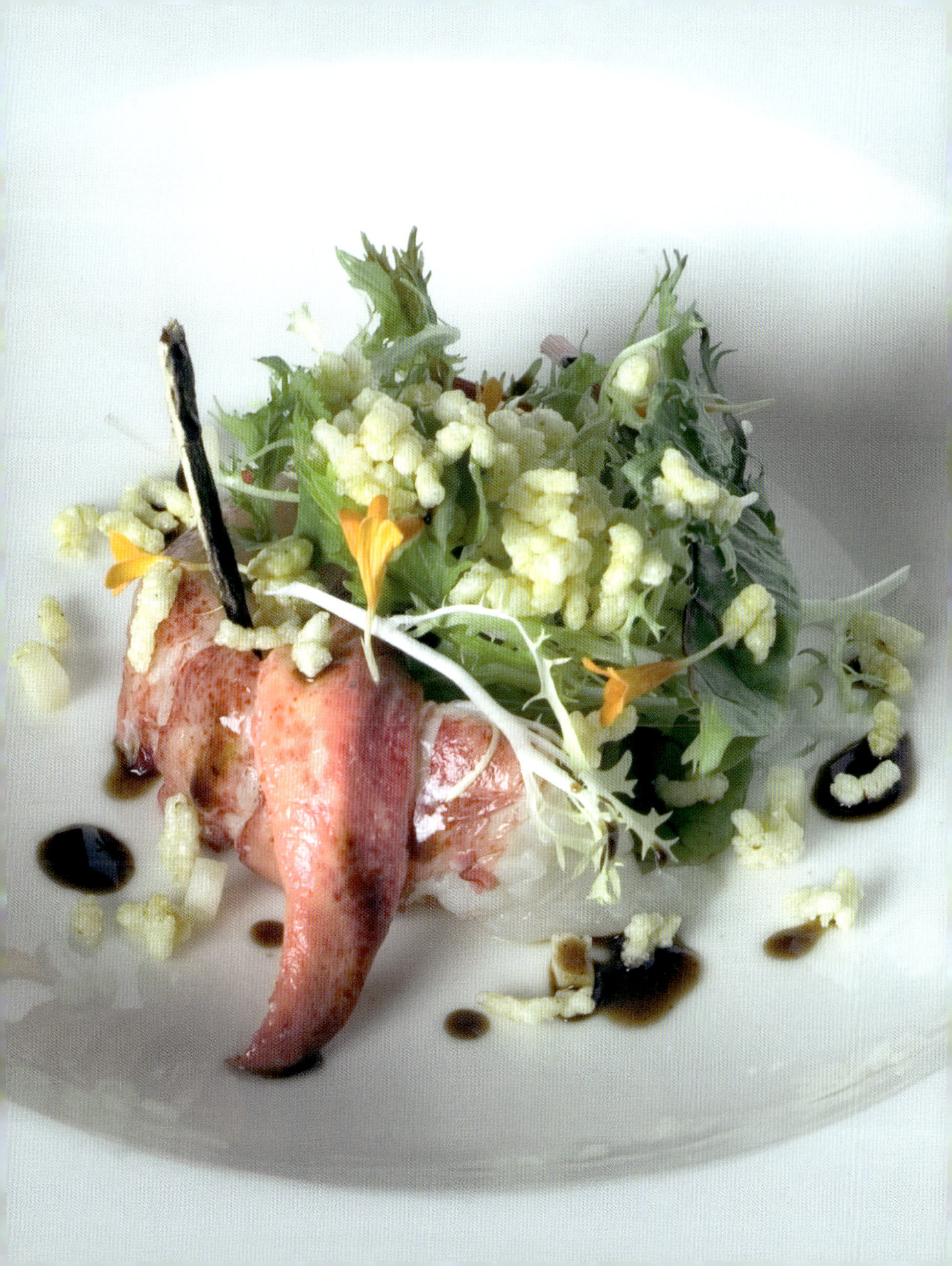

Sopa de cebolla roja y chipirón, germinados de rúcula y alfalfa, pan negro y teja de parmesano

David Yarnoz

Ingredientes para 6 personas

Para la sopa de cebolla:
400 g de cebolla roja
50 g de mantequilla
1 l de caldo de legumbres
Sal
Pimienta blanca

Para el pan negro:
50 g de miga de hogaza
2 dl de caldo de pescado
15 g de tinta de chipirón

Para el aceite de tinta:
1/2 dl de caldo de pescado
3 g de tinta de chipirón
1/2 dl de aceite de oliva virgen
25 g de recortes de chipirón
1/2 chalota
Sal

Para la teja de parmesano:
125 g de queso parmesano
30 g de claras de huevo

Para los chipirones:
4 chipirones (de 100 g aprox.)
Germinado de alfalfa
Germinado de rúcula

El vino

Sírvase con un vino blanco joven sin paso por barrica de D.O. Navarra, elaborado con viura y un poco de chardonnay, o con un blanco con breve paso por barrica de D.O. Penedès, de las variedades xarel·lo y chardonnay.

La sopa de cebolla: Se pela y se corta la cebolla en una fina juliana. Se estofa junto con la mantequilla y una pizca de sal durante 1 hora. Se añade el caldo de legumbres y se deja hervir durante 20 minutos. Se corrige el punto de sal y pimienta.

El pan negro: Se calienta el caldo junto con la tinta; se añade la miga, se deja que se empape completamente y se escurre.

Se pone la miga negra sobre dos tapetes de silicona y se estira suavemente con un rodillo. Se seca a 70° durante 40 minutos. Se tritura y se pasa por un fino.

El aceite de tinta: Se saltean y reservan los recortes del chipirón. En la misma sartén se pocha la chalota, se añade el chipirón y el caldo junto con la tinta, y se hierve 5 minutos. Se corrige el punto de sal y se cuela. Se mezcla con el aceite. (Este aceite es mejor hacerlo para cada servicio, si no se guarda en la cámara.)

La teja de parmesano: Se ralla el queso y se mezcla con las claras. Se pone entre dos tapetes de silicona y se estira con un rodillo. Se hornea a 160° durante 12 minutos. Se guarda en un lugar seco.

Los chipirones: Se cortan en dos cada uno de los chipirones, se salan y se marcan. Se reservan unos instantes bajo la salamandra.

Presentación: Se dibuja media esfera en el plato con el aceite de chipirón; se coloca el chipirón superpuesto en el centro del plato. Sobre éste el germinado de alfalfa, el de rúcula y la teja de parmesano. Y encima de todo el pan negro. Se sirve en la mesa un poco de sopa y se deja la jarra para que el comensal se sirva más cuando termine el chipirón.

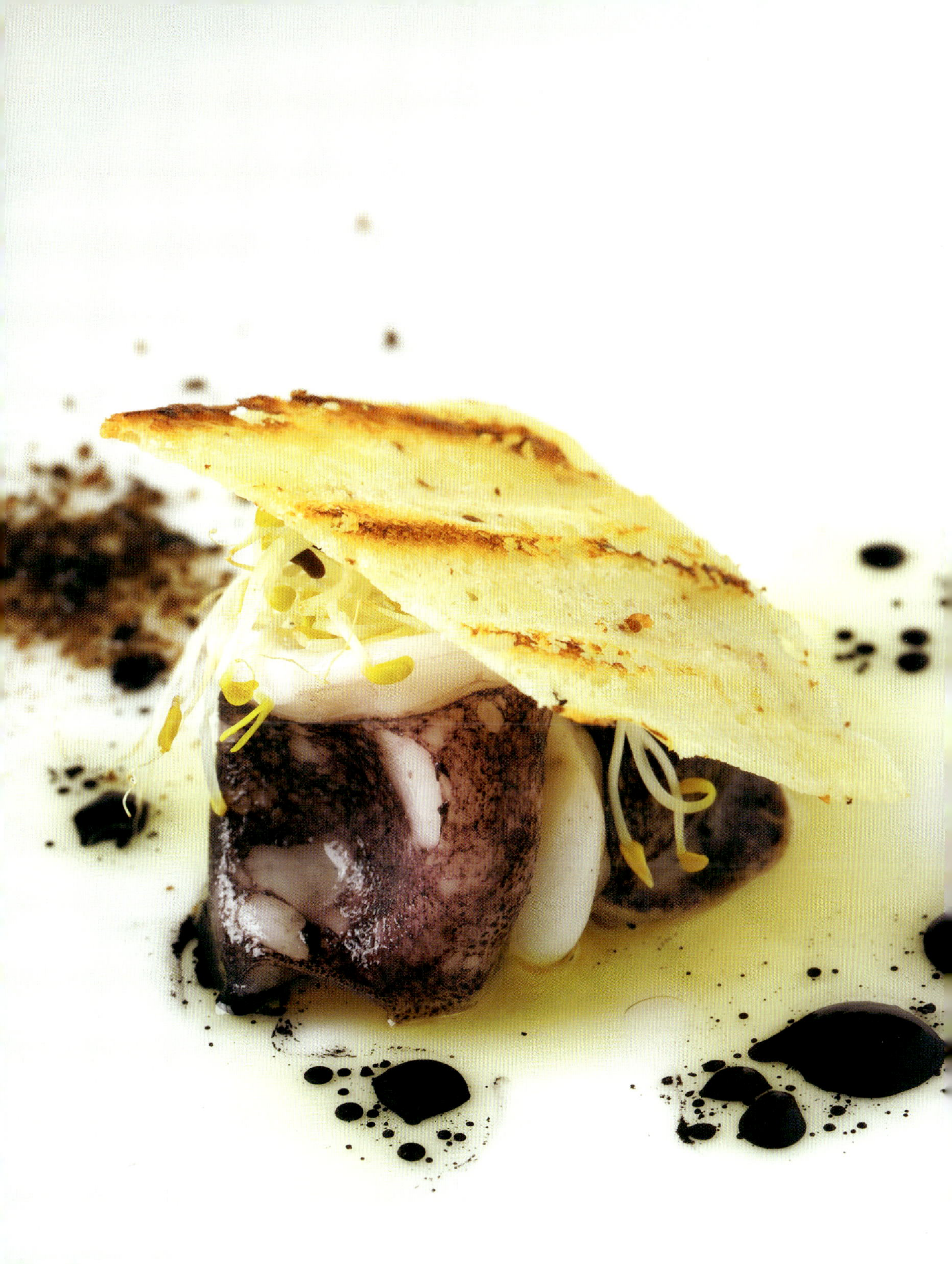

Pan con higos, helado de piñones y pipas de girasol germinadas

David Yarnoz

Ingredientes para 6 personas
Pipas de girasol germinadas

Para los higos:
1 kg de higos frescos
750 g de azúcar
Agua
1 corteza de limón
1/2 rama de canela

Para el pan:
1 barra de pan congelado
200 g de mantequilla
5 g de canela en polvo
10 g de azúcar

Para el helado de piñones:
500 g de leche
125 g de piñones
75 g de azúcar
30 g de azúcar invertido
3 g de estabilizante

El vino
Acompañar de un vino blanco dulce con D.O. Navarra, elaborado con moscatel, o de un vino dulce joven con D.O. Montilla-Moriles, de la variedad pedro ximénez.

Los higos: Se ponen los higos (bien lavados) en una cazuela de base gruesa, junto con el azúcar, la canela, la corteza de limón y 2,5 decilitros de agua. Se tapa y se deja a fuego lento durante 4 horas. En este tiempo se va añadiendo el agua necesaria.

El pan: Se corta el pan aún congelado en el cortafiambres al numero 2. Se coloca sobre un tapete de silicona, se pinta con la mantequilla y se espolvorea con el azúcar y la canela. Se hornea a 150° durante 10 minutos. Se reserva en un lugar seco.

El helado de piñones: Se tuestan los piñones y se infusionan en la leche. Se tritura y se pasa por el fino. Se calienta y se añade el azúcar junto con el estabilizante. Se eleva la mezcla a 85°, se enfría y se dejar madurar la mezcla unas 12 horas.

Presentación: Se templan los higos y se colocan en el centro del plato; sobre éstos se pone una *quenelle* de helado de piñones y el pan. Se decora con el germinado de girasol.

Comentario: Este plato surge del recuerdo del dulce de higos que se hace en mi familia (como en muchas otras) desde hace mucho tiempo. Se respeta el dulce, se aligera el pan a la vez que se aromatiza y se incorporan dos elementos nuevos: el helado para refrescar y darle un descanso al paladar del exceso de azúcar y el germinado, que cumple prácticamente la misma función que el helado, pero también aporta una textura poco habitual en los postres y un sabor vegetal.

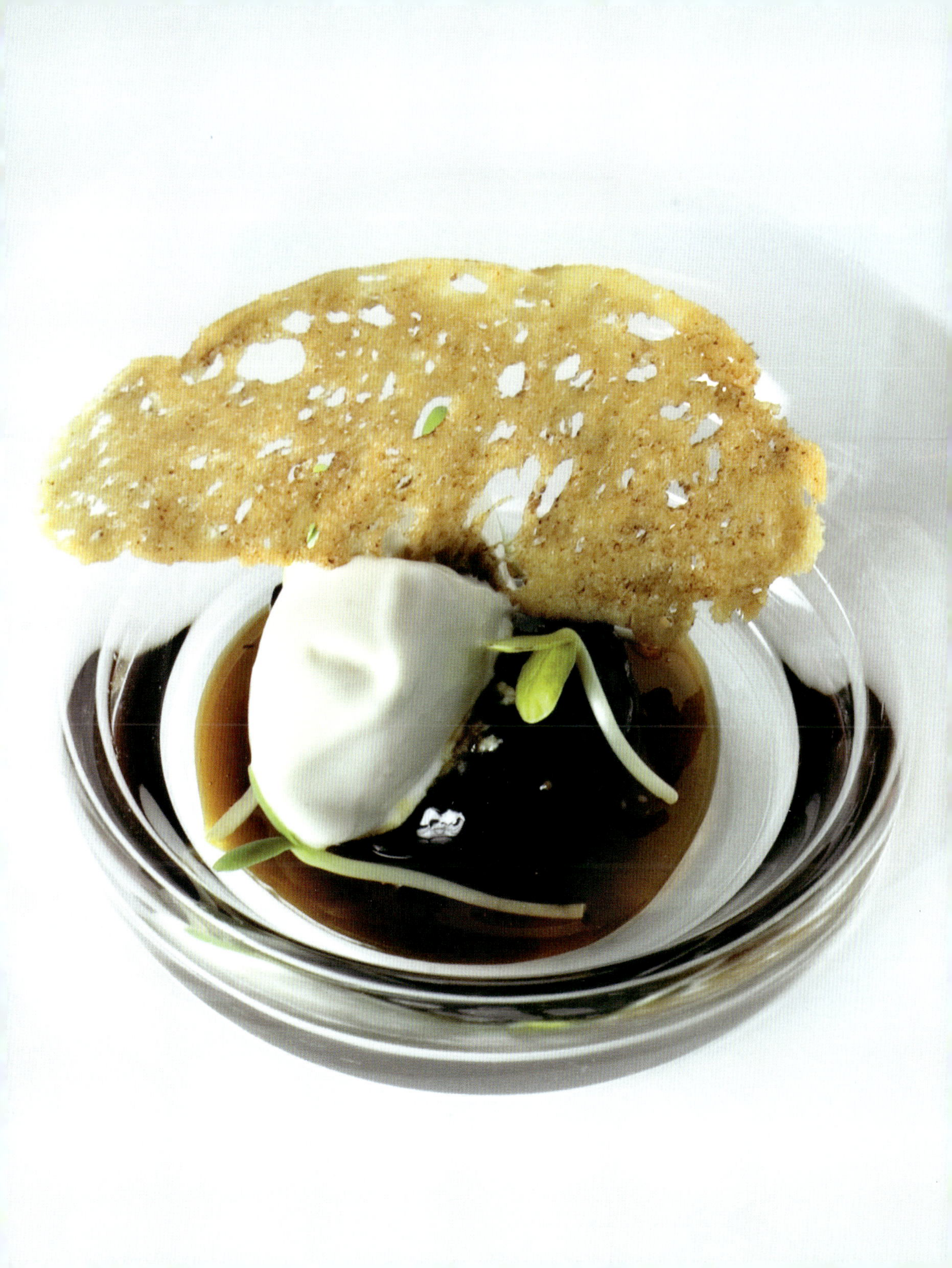

La despensa

Espárrago de Navarra

El espárrago reconocido por esta denominación tiene una coloración blanca (que indica su permanencia bajo tierra y su nula exposición al sol), textura suave, sin fibras y un sabor equilibrado entre suave y amargo. Pueden ser blancos o blancos con la punta morada, pero todos deben ser de la variedad autóctona blanca de Navarra. Pueden destinarse al consumo en fresco o en conserva. Se clasifican según su coloración, categoría y calibre. Los más solicitados y caros son los ejemplares más gruesos, algunos de diámetro superior a los tres centímetros.

Piquillo de Lodosa

Procedentes de la variedad autóctona piquillo y destinados al consumo en conserva, sus características son color rojo fuerte, sabor dulce y forma triangular y acabada en punta. Estos pimientos pequeños y picantes sólo pueden medir ocho centímetros de largo. Crudos son muy amargos, de ahí que se comercialicen en conserva, asados a la parrilla, pelados y despepitados. El pimiento asado y preparado se envasa en lata o cristal. Las brasas del fuego de leña son las que le dan su delicioso sabor dulce, nada ácido y suave al paladar.

Alcachofa de Tudela

La alcachofa es un cultivo tradicional de la Ribera navarra, en especial de la zona de Tudela, que es la que da nombre a la variedad de alcachofa más cultivada en España: la "blanca de Tudela". Esta variedad autóctona es, además, la única autorizada por el Consejo Regulador. Se distingue por ser especialmente tierna y más redonda que las otras. Asimismo, es crujiente, y tiene un sabor ligeramente amargo y jugoso. Habitualmente se consume fresca, aunque se trata de una hortaliza que se utiliza también para la elaboración de conservas.

La alcachofa es un cultivo mimado en toda la Ribera, zona tradicionalmente productora de hortalizas y cuyas características climáticas de la zona, con inviernos fríos y primaveras suaves, permiten obtener una producción mucho más tardía pero de mayor calidad.

Borraja

La borraja ha sido tradicionalmente una hortaliza de consumo local, pero en la actualidad se ha popularizado y puede encontrarse tanto en conserva como fresca. La mejor época para su consumo comienza en otoño.

La borraja es una planta que alcanza una altura de entre 50 y 60 centímetros, de hojas ovaladas recubiertas de vellosidades. Los tallos, la parte que se consume normalmente, son largos y de color verde. Su sabor es suave, algo dulzón y muy agradable. La zona de producción comprende toda la Ribera navarra, situada al sur de la provincia.

Cordero de Navarra

La Indicación Geográfica protege a los corderos procedentes de las razas navarra y lacha en pureza. Se distinguen dos categorías: el cordero lechal y el ternasco.

El lechal es el cordero que ha sido amamantado por la oveja con leche materna hasta el momento del sacrificio, con un peso de canal entre 5 y 8 kilos para la raza lacha y entre 6 y 8 kilos para la raza navarra, mientras que el ternasco ha sido amamantado por la oveja con leche materna como mínimo 45 días desde el momento del nacimiento. En ambos casos se trata de una carne tierna, de gran jugosidad y textura suave.

La despensa

Cuajada
La cuajada es un producto obtenido a partir de leche de oveja y cuajo natural. Tradicionalmente era un producto elaborado por los pastores, que calentaban la leche a la que añadían el cuajo de los corderos. Tiene una textura característica, suave, cremosa y delicada, y un sabor lácteo muy agradable al paladar. Para su consumo se le añade normalmente miel o azúcar. Su forma de presentación se realiza en pequeñas cazuelas de barro cocido o de cerámica. La zona de producción comprende la montaña navarra, que se extiende por todo el norte de la provincia.

Chorizo de Pamplona
Embutido elaborado con carne de cerdo y vacuno y abundante pimentón. Tiene forma de vela, con un diámetro de unos 4 centímetros y un color, al corte, entre rojo y anaranjado. Se consume en crudo. Su textura es untuosa y su sabor suave pero intenso, rico y sin acidez.

Pochas
Navarra está considerada la cuna de estas judías, aunque también se producen en La Rioja. Su nombre se debe al aspecto de la vaina, con un color desvaído en el momento de su recolección. En realidad, se trata de una variedad de alubia blanca que se consume antes de su madurez. Se dan dos variedades: la arriñonada y la redonda, esta última originaria de la localidad de Sangüesa. En otoño se encuentran frescas, se consumen guisadas y constituyen un plato muy tradicional.

Queso Idiazábal
Queso de pasta prensada, graso, madurado de semicurado a curado, elaborado con leche entera de oveja de las razas lacha y carranzana. Su forma es cilíndrica y la corteza es de color amarillo pálido, si no es ahumado, o pardo oscuro en caso de ser ahumado. Su olor es intenso, penetrante y su sabor algo picante y equilibrado.

Queso Roncal
Queso de pasta prensada elaborado en el valle del Roncal con leche cruda de oveja de las razas rasa y lacha. Destaca por su corteza en la que se aprecia parte del moho, que le confiere un color gris azulado. Posee un sabor recio y algo picante. Obtuvo la D.O. en 1981.

Ternera de Navarra
El ganado que produce la denominada ternera de Navarra o *nafarroako aratxea* procede de las razas pirenaica, blonda, parda alpina, *charolais* y sus cruces, que han sido criadas en la Comunidad Foral Navarra. Las terneras tienen un máximo de cuatro meses y han sido alimentadas exclusivamente con leche.

La despensa

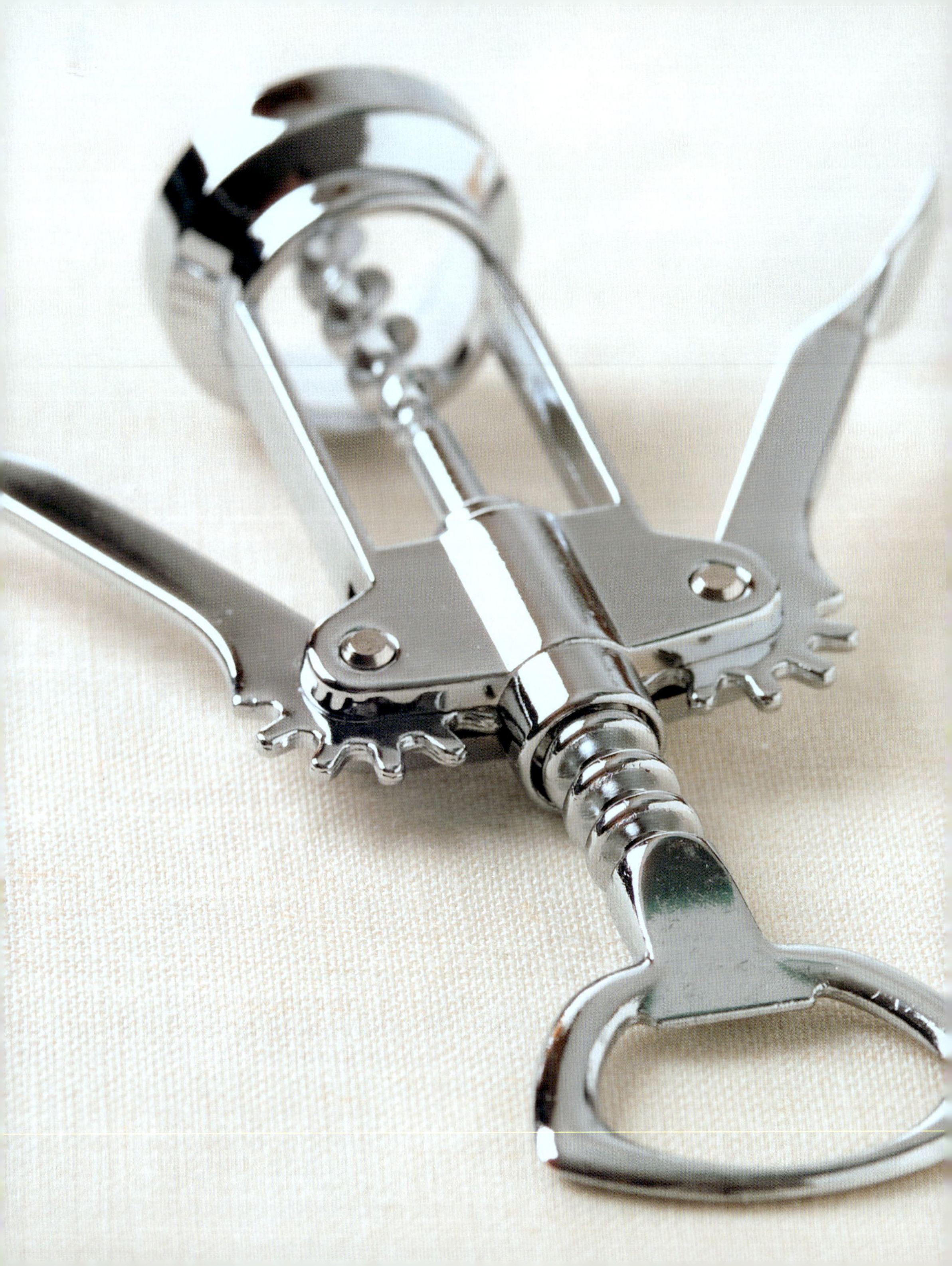

Los vinos

Las mejores materias primas y un recetario excepcional. El broche de oro lo ponen sus meritorios e insuperables caldos. Unos vinos olorosos, con cuerpo y alegres, como su gente.

D.O. Navarra

La Denominación de Origen Navarra comprende íntegramente la Comunidad Foral de Navarra, situada en el norte de la Península Ibérica.
Los primeros documentos que se refieren al vino de esta región se remontan a la época romana, aunque es en los siglos IX y X cuando empieza el auge de este producto con la llegada de las actuales variedades de uva a esta comunidad de la mano de los peregrinos del Camino de Santiago, quienes además extendieron por todo el mundo la fama del vino navarro. Los monasterios fueron decisivos en la prosperidad de la viticultura –el de Roncesvalles llegó a producir hasta 40.000 litros de vino anuales–. Sin embargo, el verdadero esplendor de los vinos navarros llegó en los siglos XVI y XVII, cuando la extensión de viñedo superaba las 18.000 hectáreas, casi la misma que ocupa en la actualidad. Una superficie que llegó a triplicarse en el siglo XIX cuando Francia vio arrasadas sus viñas por la filoxera y el viñedo navarro se encargó de abastecer al país vecino. Pero la temida filoxera llegó también a Navarra y provocó la ruina en sus viñedos. El renacimiento de la viticultura de la zona se inició a principios del siglo pasado y a las bodegas históricas que habían logrado sobrevivir a la filoxera como Bodegas Ochoa, Julián Chivite o Gurpegui, se sumaron otras nuevas, entre ellas Señorío de Sarría, fundada en 1952 y que produce vinos de gran calidad. La renovación tecnológica se produjo a partir de los años ochenta y actualmente la mayoría de bodegas se han puesto al día y cuentan con modernas instalaciones.

Tipos de vino

Por su ubicación, clima, terreno y tradición, Navarra constituye una de las grandes zonas españolas productoras de vinos de calidad.
La denominación de origen se divide en las siguientes

subzonas: Ribera Baja, que representa el 30% de la superficie total del viñedo navarro; Ribera Alta; Valdizarbe, donde predominan los rosados de garnacha; Baja Montaña y Tierra Estella, zona en la que se producen buenos chardonnays. En los últimos años la zona ha experimentado un cambio profundo, tanto en el viñedo, antes dominado por la garnacha, como en las bodegas y en los vinos, que poco o nada tienen que ver con los de hace dos décadas. Convencidos de las posibilidades de elaborar en la zona grandes tintos y blancos, elaboradores como Juan Magaña empezaron a cultivar hace tres décadas variedades francesas como la cabernet sauvignon y la merlot, además de la española tempranillo. Esto contribuyó a la ampliación del número de variedades y abrió la posibilidad de elaborar tipos de vino muy distintos. A esta labor también contribuyeron nombres como Bodegas Castillo de Monjardín, pionera de la variedad chardonnay en la D.O. y que elabora también tintos de gran calidad; Bodegas Julián Chivite, con su rosado Gran Feudo, uno de los más famosos de España; o Bodegas Ochoa, de gran tradición.

Los vinos más característicos de la zona siguen siendo los rosados, producidos por el tradicional "sangrado" de la uva. Este método consiste en macerar el mosto procedente de uvas tintas con los hollejos. Luego se produce la separación del mosto del hollejo mediante un escurrido por gravedad sin intervención de ningún medio mecánico, de esta forma se evita que el hollejo se parta y aunque eso supone un encarecimiento del producto, se logra un intenso aroma, además de un sabor y color que hacen únicos los rosados de Navarra. Finalmente, el mosto fermenta sin presencia de los hollejos.

Existe también una importante tradición de vinos tintos en la zona. Se trata de caldos elaborados exclusivamente con uva tinta y generalmente envejecidos en roble y botella. Completan el panorama los vinos de licor moscatel.

Los vinos | 176

Variedades de uva

El Consejo Regulador, creado en 1958, autoriza las siguientes variedades de uva: cabernet sauvignon, garnacha tinta, graciano, mazuelo, merlot y tempranillo (tintas); y garnacha blanca, malvasía, moscatel de grano menudo, chardonnay y viura (blancas). La variedad de uva tinta predominante es la garnacha, originaria de esta zona, aunque en los últimos años su cultivo está en claro retroceso, pues mientras hace 20 años ocupaba el 85 por ciento del viñedo, hoy alcanza algo menos de la mitad.

La garnacha, destinada tradicionalmente a la elaboración de rosados, debe compartir ahora terreno con otras variedades que han sido implantadas para elaborar tintos, en especial crianza y reserva. Es el caso de la uva tempranillo, que ocupa ya casi la tercera parte del viñedo, y también de la cabernet sauvignon y la merlot.

Entre las variedades blancas, la reina es, sin duda alguna, la viura, cuya producción alcanza el 80%, aunque debe competir con la chardonnay. Los tintos jóvenes se elaboran principalmente con garnacha o la combinación de garnacha y tempranillo, mientras que en los crianza, reserva y gran reserva predominan las variedades tempranillo, graciano, sauvignon y merlot, completadas en ocasiones con garnacha. Los blancos de la zona han cambiado mucho y los mejores se elaboran hoy con chardonnay.

Pacharán navarro

Patxaran o pacharán es una palabra roncalesa que significa endrina. Se trata de un licor tradicional navarro elaborado a base de endrinas, que son el fruto de un arbusto espinoso de ramas rugosas y oscuras que puede llegar hasta los tres metros de altura. El pacharán se elabora con endrinas maduras: se emplean entre 125 y 250 gramos de pacharanes o endrinas por litro y anís dulce, sin colorantes ni aromatizantes artificiales. La endrina madura posee color negro azulado, tiene sabor agridulce, ligeramente amargo y seco. El pigmento de este fruto (puniciamina) transmitirá el característico color rojizo al pacharán. Antiguamente, este licor navarro sólo se encontraba en los pueblos y de su elaboración se encargaban las abuelas, que eran también quienes recogían las endrinas entre los meses de octubre y noviembre. Pero pronto los taberneros empezaron a servirlo en sus establecimientos.

Su índice de alcohol oscila entre los 25 y los 30 grados y su contenido en azúcares es de 80 a 250 gramos por litro. Se recomienda tomarlo frío, pero sin hielo, ya que según afirman los expertos los cubitos aguan el licor en exceso.

Nuestros restaurantes

- ⊙ Dirección
- ☏ Teléfono
- ⒻⒶⓍ Fax
- @ Correo electrónico
- www Página www

PRECIO:
- € Menos de 30 Euros
- €€ Entre 30 y 60 Euros
- €€€ Más de 60 Euros

NAVARRA

ALHAMBRA
- Francisco Bergamín 7.
  31003 Iruña (Pamplona)
- 948 245 007
- alhambra@heuropa.com

PRECIO: € €

Elegante y selecto establecimiento con una cocina digna del techo que la enmarca. Los Idoate conocen su oficio y cuidan hasta el último detalle.

AROTZA
- **Santa Catalina, 34**
  31792 Legasa
- 948 456 100

PRECIO: € €

Abierto hace 3 años por Luismi Lakar, este restaurante brilla por la calidad de su cocina. Su plato estrella: la chuleta de vaca. Servicio amable y eficaz.

ASADOR BORDA
- Lurlodio, 30 Bajos.
  31820 Etxarri Aranatz
- 948 460 857

PRECIO: € €

Gastronomía navarra evolucionada en un entorno natural, que recuerda a las antiguas casas pastoriles. Excelentes pescados.

ATALAYA
- Mayor Nueva, 11.
  31350 Peralta
- 948 713 052
- www.hostalatalaya-peralta.com/

PRECIO: €

Este acogedor hostal cuenta con un popular restaurante donde disfrutar de la mejor cocina de mercado. Excelentes verduras.

BAR LA NAVARRA
- Amaya, 10.
  31002 Iruña (Pamplona)
- 948 228 716

PRECIO: €

Conocido por sus pinchos de tortilla, este local ofrece todo tipo de tapas y productos típicos del norte a un buen precio y en un ambiente informal. Muy apto para los que gustan de la comida sabrosa en miniatura.

BASA KABI
- Alta de Leiza, s/n.
  31880 Leitza (Leiza)
- 948 510 125
- 948 610 965
- basakabi@jet.es

PRECIO: €

En un estupendo entorno de montaña, este agradable local basa su cocina en las tradiciones navarras, pero da un toque de renovación a las recetas para adaptarlas a los nuevos tiempos. Cuenta con un interesante menú degustación. Sólo abre en julio y agosto.

BEETHOVEN
- Avda. de Tudela, s/n.
  31512 Fontellas
- 948 825 260
- info@rtebeethoven.com
- www.rtebeethoven.com

PRECIO: € €

Restaurante muy galardonado cuya cocina de mercado sobresale por su creatividad e innovación, aunque no olvida los platos típicos de la zona, como las exquisitas verduras de la huerta tudelana. Buen servicio.

BETI-JAI
- Santa Águeda, 2.
  31430 Agoitz (Aoíz)
- 948 336 052

PRECIO: € €

Cocina tradicional basada en la excelente materia prima de la zona que evoluciona con éxito hacia una cocina creativa. Siempre lleno, conviene reservar. Buena bodega.

BORGIA
- Serapio Urra, s/n.
  31230 Viana
- 948 645 781

PRECIO: € €

Restaurante familiar donde sorprende la variedad de su cocina, siempre original y cambiante con el mercado. Dispone de buen servicio y completa bodega.

CAFÉ IRUÑA RESTAURANTE
- Pza. del Castillo, 44.
  31003 Iruña (Pamplona)
- 948 222 064
- 948 211 566

PRECIO: €

Restaurante céntrico que goza de una larga tradición. Se trata de un café del siglo XIX con techos altos y muchas mesas. Su cocina casera cuenta con una gran variedad de platos típicos.

CASA AMPARO
- Esquiroz, 22.
  31003 Iruña (Pamplona)
- 948 261 162

PRECIO: €

Cocina tradicional casera de temporada, verduras, caza y cordero en chilindrón. Magníficos sus platos de cuchara.

CASA GALARZA
- Santiago, 1. 31700 Elizondo
- 948 580 101

PRECIO: €

En el bello valle del Baztán, encontramos en este local una cocina tradicional especializada sobre todo en carnes, caza y verduras de temporada. Excelentes alubias.

CASA OTANO
- San Nicolás, 5.
  31001 Iruña (Pamplona)
- 948 225 095
- 948 212 012

PRECIO: € €

Clásico asador con excepcional cocina clásica navarra de temporada, con algunas especialidades como la menestra de verduras, el solomillo o el cogote de merluza.

CASA ZANITO
- Mayor, 10. 31390 Olite
- 948 740 002
- 948 712 087

PRECIO: € €

Cocina popular basada en los productos de la tierra con toques de creatividad. Su bodega es muy interesante, el servicio correcto y dispone de algunas habitaciones.

KASINO
- Pza. Vieja, 23. 31770 Lesaka
- 948 637 287
- 948 637 152

PRECIO: €

Cocina tradicional en la que hay que destacar las alubias, sus premiadas tortillas navarras, así como la merluza y los deliciosos postres caseros. Es conveniente reservar los fines de semana.

DONAMARIAKO BENTA
- Barrio Ventas, 4.
  31750 Donamaria
- 948 450 925
- 948 450 708

PRECIO: €

Hotel rural con jardines y un acogedor restaurante que cuenta con salón y chimenea, donde la cocina tradicional se elabora con gran sencillez y humildad como antes. Buena bodega.

DON PABLO
- Navas de Tolosa, 19.
  31002 Iruña (Pamplona)
- 948 225 299
- 948 210 264
- www.restaurantedonpablo.com

PRECIO: € €

En un restaurante decorado en blanco y negro, situado en pleno centro, ofrece una cocina muy fiel a las raíces navarras elaborada por María Teresa Gil. Tiene un bar de buenos pintxos en la planta de entrada.

EL ENCIERRO
- Ctra. Guipúzcoa, km 5.
  31195 Berrioplano
- 948 302 211
- nhtroro@nhhotels.com

PRECIO: € €

Restaurante dentro del hotel El Toro, a 5 km de Pamplona. En él se encuentra una cocina regional, elaborada con muy buena materia prima de temporada y donde se pueden degustar unos postres caseros realmente soberbios e insuperables.

EL MOLINO DE URDÁNIZ

- Ctra. Zubiri, km 15.
  31698 Urdániz
- 948 304 109

PRECIO: € €

A sólo 17 km de Pamplona triunfa este antiguo local reformado donde podemos disfrutar de una cocina creativa y original de la mano del joven maestro David Yarnoz. Los postres son deliciosos y la carta de vinos completísima.

ENEKORRI
- Tudela, 14.
  31003 Iruña (Pamplona)
- 948 230 798

PRECIO: € €

Buena cocina navarra actual con excelente materia prima en una nave amplia gobernada por un servicio muy eficaz. Ofrece menús de degustación muy aconsejables. Uno de sus puntos fuertes es la espléndida bodega.

EPELETA
- Aralar, s/n. 31870 Lekunberri
- 948 504 357
- amalur77@hotmail.com

PRECIO: € €

Tradicional asador de la familia Ansorena, conocida por sus Asadores Frontón en Madrid, ubicado desde hace poco en las cercanías de la salida Lekunberri norte de la autopista a Guipúzcoa. Su chuletón es de los mejores del país y bien vale la visita.

EUROPA

- Espoz y Mina, 11.
  31002 Iruña (Pamplona)
- 948 221 800
- 948 229 235
- europa@hreuropa.com
- www.heuropa.com

PRECIO: € €

Los hermanos Idoate dirigen con maestría este famoso local que nos ofrece la mejor cocina navarra donde brillan las verduras, espárragos y pochas y la cocina de altura basada en la mejor materia. Una estrella Michelin avala su trabajo desde 1993.

HARTZA
- Juan de Labrit, 19.
  31001 Iruña (Pamplona)
- 948 224 568

PRECIO: € €

El coqueto local con excelente cocina de mercado y la mejor materia prima tratada con maestría. Es un ejemplo de buen gusto. Su *panxineta* y otros postres caseros son inolvidables.

HOSTAL EL JABALÍ
- Ctra. Jaca, km 49.
  50683 Yesa
- 948 88 40 42

PRECIO: €

Hostal-restaurante con menús y servicio a la carta de una cocina tradicional, en un ambiente de montaña. Su cocina es típicamente navarra.

JOSETXO
- Pza. Príncipe de Viana, 1.
  31002 Iruña (Pamplona)
- 948 222 097
- 948 224 157

PRECIO: € € €

Lugar de referencia en la afamada Pamplona. Su cocina de temporada, elaborada con unas materias primas de la mejor calidad, su excelente servicio en la sala y su correcta bodega hacen de este local una opción muy recomendable. Especial mención a sus postres.

JUAN SIMÓN
- Ctra. Pamplona-Francia, km 26. 31797 Ultzama
- 948 305 052
- 948 3066.13

PRECIO: €

Cocina tradicional casera con excelentes productos autóctonos, en un ambiente cálido y confortable. Buenos canutillos y postres caseros. Excelente lugar para hacer excursiones.

LA CASONA
- Rda. de Bañaraín, s/n.
  31010 Bañaraín
- 948 186 713
- lacasona resturante@yahoo.es
- www.lacasona restaurante.com

PRECIO: €

Asador con una cocina sencilla y honesta. Buenas carnes y mejores pescados a la brasa. Tiene una buena selección de la mejor cocina tradicional navarra.

LA KOSKA
- San Salvador, 3.
  31711 **Urdax**
- 948 599 042

PRECIO: €€

Cocina de mercado elaborada con las mejores recetas de antes y de ahora, en la que se pueden apreciar unas claras influencias vasco-navarras y se encuentran platos con un toque de cocina francesa. Excelente bodega con una selección variada y completa. Aunque su repostería es realmente insuperable y necesita una mención aparte.

LA POSADA
- Colegiata de Roncesvalles, s/n. 31650 **Roncesvalles**
- 948 760 225
- 948 760 266
- www.laposada-roncesvalles.com

PRECIO: €

Casona del siglo XVI, situada en un lugar mítico, pues se trata del punto de partida del Camino de Santiago. En su restaurante se pueden degustar platos típicos de la cocina navarra, elaborados con los mejores productos de temporada y de la huerta navarrica. También hay que reseñar las bondades de sus quesos, que son exquisitos. Cuenta, además, y como no podía ser de otra manera, con un servicio de comidas especial para los peregrinos que deseen empezar su peregrinaje desde esta casona navarra.

MAHER

- Ribera, 19.
  31592 **Cintruénigo**
- 948 811 150
- 948 812 776
- gestion@hotelmaher.com
- www.hotelmaher.com

PRECIO: €€

Cocina de autor en un bello hotel-restaurante fundado en 1969, que cuenta con jardines y terraza. En él, el joven *chef* Enrique Martínez elabora y crea con maestría recetas tradicionales y creativas elaboradas con la mejor materia prima recién traída del huerto de su propiedad. Es cocina muy auténtica que enamora a su fiel clientela.

MESÓN DEL PEREGRINO
- Ctra. Logroño, km 23.
  31100 **Puente la Reina**
- 948 340 075
- 948 341 190
- elperegrino@teleline.es
- www.hotelelperegrino.com

PRECIO: €€

Interesante lugar, a la orilla del Camino de Santiago, cuya cocina se mantiene con un pie en las raíces tradicionales navarras y otro en las vanguardias más imaginativas de la mano de Nina Sedano. Edificio de piedra con habitaciones y personalidad.

MORASE
- P.º Invierno, 2. 31500 **Tudela**
- 948 821 700
- 948 821 704

PRECIO: €

Pequeña fonda que basa su cocina en las más típicas recetas vasco-navarras con muy buenos resultados. Verduras y materia prima de mercado.

OLARI
- Pedro María Hualde, 2.
  31730 **Irurita**
- 948 452 254

PRECIO: €

Bonito comedor decorado en madera con una muestra típica de cocina tradicional. Menestra de verduras, alubias rojas y pescados frescos en su punto.

PALACIO CASTILLO DE GORRÁIZ
- Avda. Egües, 78.
  31620 **Gorráiz**
- 948 337 330

PRECIO: €

Lo mejor de la prestigiosa cocina navarra renovada en un elegante palacio con distintos salones y capacidad para más de 400 personas. Buena repostería propia.

PLAZAOLA
- **Tudela, 18.
  31003** Iruña (Pamplona)
- **948 232 588**

PRECIO: €

Cocina creativa de mercado dirigida por Susana Sierra basada en el producto natural. Ofrece una buena selección de sus magníficos postres en un menú degustación.

RESTAURANTE 33
- Capuchinos, 7. 31500 **Tudela**
- 948 827 606
- 948 411 008
- www.restaurante33.com

PRECIO: €€

Cocina basada en las mejores verduras de Tudela, con toques de originalidad. El local, recién reformado, está siempre muy concurrido, por lo que es conveniente reservar.

RODERO

- Emilio Arreta, 3.
  31002 **Iruña (Pamplona)**
- 948228035
- info@restauranterodero.com
- www.restauranterodero.com

PRECIO: €€

Koldo Rodero es sin duda uno de los mejores cocineros de Navarra. Su alta cocina creativa en su agradable local con decoración minimalista brilla a gran altura. Buenos entrantes, espectaculares segundos y delicados postres.

SANTXOTENA
- Pedro Axular, s/n.
  31700 **Elizondo**
- 948 580 297

PRECIO: €

Buena cocina tradicional en un local de ambiente cálido y acogedor. Son muy interesantes sus menús degustación y hay que probar su repostería casera.

SEÑORÍO DE MONJARDÍN
- Ctra. de Leyre, s/n.
  31410 Yesa
- 948 88 41 00

PRECIO: €

Estratégicamente situado en un entorno natural y monumental, rodeado por la Sierra de Leyre, este hotel dispone de un restaurante en el que se puede degustar la cocina tradicional vasco-navarra, destacando en la temporada de caza el ciervo y el jabalí.

SEÑORÍO DE ZUASTI
- San Andrés, s/n.
  31892 Zuasti
- 948 302 900
- 948 30 28 78
- zuasti@zuasti.com
- www.zuasti.com

PRECIO: € €

Dentro del Club de Campo se encuentra el restaurante Green, cuya cocina natural e innovadora marca la pauta de un restaurante que ofrece los platos más típicos de la gastronomía navarra. Interiorismo en el que predomina sobre todo la línea recta trabajada con madera y vidrio, junto con el juego de luces, que lo convierten en un lugar especialmente bello.

TABERNA DEL FOTÓGRAFO
- Mayor, 5-1. 31730 Irurita
- 948 452 087
- tabernafoto@jazzfree.com

PRECIO: € €

Casa amarilla con un mural negro en la fachada donde se degusta una cocina natural y de mercado, basada en materias primas de calidad. Buenos postres y vinos.

TÚBAL

- Pza. de Navarra, 4.
  31300 Tafalla
- 948 700 852
- 948 700 050
- tubal@restaurante tubal.com
- www.restaurante tubal.com

PRECIO: € €

El restaurante de Atxen Jiménez, tan prestigioso y concurrido, se ha convertido en uno de los mejores gracias a su hijo, el *chef* Nicolás Ramírez, que combina en su cocina las mejores materias primas con unos toques de genialidad que no le alejan de la tradición. Sus pochas, borrajas, almejas, chipirones, etc., todo bien presentado y en cantidades suficientes, seducen y convencen. Lucen ya una estrella Michelin, muestra del éxito que están obteniendo.

TXARRANTXENA
- Del Medio 3.
  31194 Sorauren
- 948 331 805

PRECIO: €

En medio de un entorno natural, se encuentra esta antigua casa cuya cocina no tiene nada de arcaica, más bien todo lo contrario: atrevimiento e imaginación se combinan en cada plato.

VENTA DE JUAN PITO
- Garagardoia, 11.
  31417 Isaba
- 948 893 080

PRECIO: €

Fonda rústica desde donde se aprecian unas estupendas vistas a la montaña. Cocina casera, en especial las migas de pastor y la cuajada de postre.

VENTA DE ULZAMA
- Ventas Ultzama, km 28.
  31797 Ultzama
- 948 305 138
- 948 305 204
- ventaulzama@jet.es

PRECIO: € €

Hotel de montaña para disfrutar del paisaje más bello desde sus ventanas. Cocina tradicional con productos típicos. Buenos postres caseros.

Glosario

Agraz
Zumo de uvas sin madurar.

Azúcar mascabado
Azúcar moreno.

Baño María
Método de cocción que consiste en poner un alimento en un recipiente metido en el interior de otro recipiente más grande lleno de agua, de forma que el primero no esté en contacto directo con el fuego.

Blanquear
Proceso mediante el cual se introducen frutas u hortalizas en agua hirviendo para después sumergirlas en agua helada. De esta manera se desprenden sus pieles y extraen sus jugos amargos.

Bouquet garni
Ramillete de especies aromáticas que se introduce en un preparado, justo antes de añadir el líquido preciso para su cocción. Está hecho de pimienta negra de grano, laurel, tomillo y piel de limón. Puede ir bridado a una zanahoria, un nabo o enrollado con una hoja de puerro.

Brunoise
Cortar o picar en cuadradillos finos.

Carabinero
Crustáceo de carne comestible semejante a la quisquilla, pero de mayor tamaño.

Chalota
Hortaliza similar a la cebolla, pero con hojas y flores más pequeñas y con los bulbos divididos en racimos pequeños.

Confitar
Cocer durante bastante tiempo un guiso, a baja temperatura y en aceite.

Desglasar
Diluir.

Dextrosa
Glucosa pura.

Emulsionar
Añadir un líquido a otro de forma lenta y continua mientras se remueve hasta lograr una mezcla homogénea.

Estameña
Colador de tela blanca, a modo de tamiz, por el que se pasan, comprimiéndolos, los purés y salsas para que resulten más finos después de haberlos colado.

Farsa
Relleno.

Foie micuit
En francés, *foie* medio cocido.

Fondear
Cubrir con legumbres, tocino, etc., el fondo de un preparado o recipiente, donde se va a cocinar el género.

Fondo de carne
Caldo de carne y/o verdura.

Glasa
Capa brillante y lisa, preparada con azúcar y yema de huevo, con la que se cubren ciertos pasteles.

Hongos beltza (boletus aereus)
También llamado *onddo beltza,* es uno de los hongos más populares de Navarra. Su aspecto es similar al de *boletus edulis*, pero difiere en que el color del sombrero es muy oscuro y el pie es de color pardo.

Malvices
Aves migratorias de caza, también llamadas zorzales, cuya carne es muy apreciada por su intenso sabor.

Marcar
Preparar las operaciones básicas para empezar la elaboración de un plato, a falta de su cocción.

Melaza
Líquido de color pardo y sabor muy dulce, que queda como residuo de la fabricación del azúcar de caña o remolacha

Microplane
Rallador de superficie ancha y de acero, utilizado en la cocina profesional. Hace un corte muy fino y puede rallar cualquier ingrediente de una forma sencilla.

Moltó
Macho de la oveja castrado.

Morcillo
Pieza de ternera con forma cilíndrica de la parte más baja de la pierna. Su carne es sabrosa y gelatinosa y se utiliza en caldos o potajes. También se llama zancarrón.

Napar
Cubrir totalmente un alimento con un líquido más o menos espeso (salsas), de forma que permanezca en parte sobre él.

Pacharán
Licor obtenido por maceración de endrinas en aguardiente anisado.

Paco-Jet
Sorbetera que tritura y convierte en puré o crema muy fina alimentos congelados.

Papel sulfurizado
Papel similar al celofán utilizado en repostería que se pone sobre la superficie de un molde o en la bandeja del horno para evitar que se peguen los alimentos.

Parfait
Helado en francés.

Pasta filo
Pasta blanda, fina y transparente, elaborada con harina, aceite, sal y agua. Es de origen griego y se utiliza mucho en repostería.

Patatas ratte
Variedad de patata que se caracteriza por ser alargada, piel lisa y carne amarilla.

Perrechicos/Perretxicos
También llamados setas de San Jorge o setas de abril porque aparecen en primavera. Propios de tierras arcillosas, son uno de los hongos más sabrosos y cotizados.

Pimientos del cristal
Variedad de pimientos rojos o verdes muy apreciada por la consistencia y sabor de su carne.

Pochas
Variedad muy apreciada de alubia blanca que se consume antes de su madurez.

Quenefa
Son los géneros picados y posteriormente moldeados en forma de bolas que se suelen utilizar como guarnición.

Quenelle
Presentación ovalada, que se realiza con la ayuda de una cuchara, de un helado, un sorbete o cualquier otra preparación.

Q. S.
Cantidad suficiente.

Ragoût
Guisado en francés.

Rebozuelo
Cantharellus cibarius, o seta de san Juan. Seta de sabor dulce e intenso color dorado. Su carne suave y blanca permite múltiples aplicaciones culinarias.

Roux
Salsa en francés.

Sabayón
Salsa densa para gratinar.

Sal gris
Sal gorda gris de Guérande, en Francia.

Salicornia
Tipo de espárrago marino. Sus brotes tiernos se toman en ensalada o cocidos junto a otras verduras.

Sal Maldon
Variedad de sal inglesa que se caracteriza por su forma en escamas.

Salsa muselina
Salsa holandesa que lleva mantequilla, limón, agua y yemas de huevo.

Salsear
Verter una salsa por encima de un plato.

Sauté
Recipiente para cocinar, como una sartén.

Sifón isi
Aparato utilizado en la cocina de autor que permite elaborar natas y espumas de diferentes gustos y texturas mediante cargas de N_2O comprimido.

Silpat
Papel sulfurizado hecho de fibra de vidrio y silicona, utilizado sobre todo en pastelería. Recubre cualquier cacerola dando una superficie lisa y suave, evitando que se peguen los alimentos sin necesidad de usar mantequilla o aceite.

Sofrito
La técnica del sofrito es una de las más antiguas. Los ingredientes básicos varían de uno a otro plato, pero suelen ser comunes la cebolla, el tomate, el ajo y el pimiento. El tomate y la cebolla deben rehogarse lentamente, hasta que se evapora el agua que desprende el tomate. Se recomienda añadir un poco de agua para que la cebolla acabe de hacerse y la acidez del tomate desaparezca.

Sudar
Poner alimentos al fuego en un recipiente cerrado para extraerles su jugo y que éste conserve todo su valor nutritivo.

Taget
Flor muy aromática cuyos pétalos se utilizan para decorar y aromatizar platos. Muy utilizada en la cocina de autor principalmente.

Talo
Torta aplastada que se hace con masa de harina de maíz sin fermentar y se cuece sobre las brasas.

Tirabeque
Guisante mollar de primavera, apreciado por sus vainas tiernas.

Tomate concassé
Tipo de corte específico para los tomates que consiste en cortarlos en cuadraditos de medio centímetro de lado, una vez eliminada la piel, el agua y las pepitas.

Yuca
Planta de América tropical de cuya raíz se obtiene una harina alimenticia.

Zurracapote
Sangría, bebida refrescante a base de vino.

Índice de recetas

A

Alcachofas con almejas 36
Alcachofas fritas con tocino de cerdo, setas de temporada,
    cigalitas, almendras tostadas y jugo de otoño 150
Almendras garrapiñadas 120
Anís con *patxaran* 122

B

Bacalao ajoarriero 66
Bogavante asado con pasta fresca, hongos *beltza* y trufa,
    jugo de su coral y crujiente de Jabugo 147
Borraja con malvices guisadas 140

C

Cabeza y corada 78
Callos a la navarra 72
Capón asado 96
Cardo con picadillo de jamón 38
Carpaccio de manitas de cerdo con aceite de oliva virgen
    aromatizado con trufa 132

Chapapas 110
Chistorra y huevos fritos 48
Cogollos de Tudela 58
Compota de orejones 108
Cordero al chilindrón 68
Cordero asado 86
Cordero con crujiente de verduras y salsa de naranja 130

E
Ensalada de arroz y bogavante, aromatizada con regaliz
  de palo y curry, alcachofas, manzana y soja 164
Ensalada de bonito escabechado con langostinos 136
Ensalada de patatas y cogollos 42
Equilibrio de castañas, helado de maíz y sopa de cacao 134
Espárragos con vinagreta 40
Estofado de buey 80

G
Gallina en pepitoria 98
Gorrín asado 84
Guirlache 104

H
Huesos de san Francisco Javier 114
Huevos carlistas 28

J
Judías rojas de Sangüesa 24

L
Lasaña de chipirones con aceite de cebollino y su tinta 144
Lechezuelas 54
Lengua de cordero guisada 94
Lomo de bacalao confitado con pastel de hígado ahumado
  y caldo picante de hongos 158

M
Magras con tomate 50
Menestra de verduras 22

Merluza con piquillos 76
Migas de pastor 44

P
Paella dulce 162
Palomas de Echalar 100
Palomas en adobo 90
Palomas guisadas 82
Pan con higos, helado de piñones y pipas
    de girasol germinadas 168
Patas de cordero en salsa 70
Patatas a la navarra 56
Patatas panadera 60
Pato a la navarra 88
Pimientos con huevos 62
Pimientos del piquillo rellenos de bacalao 32
Pimientos del piquillo rellenos de pescado 34
Pochas con codornices 92
Pudín de castañas 116
Pudín de espárragos 46

R
Ragoût de bacalao en caldo con hortalizas y verduras 138
Rape laminado con refrito de Módena, gazpacho de tomate
    asado y ajetes tiernos asados 128
Raviolis de morcilla 142
Relleno a la manera de Navarra 52
Revuelto de setas 26
Rulo de chipirón a baja temperatura con falso caviar 160

S
Salteado de espárragos con perretxicos 30
Sopa cana 118
Sopa de cebolla roja y chipirón, germinados de rúcula y alfalfa,
    pan negro y teja de parmesano 166
Sopa de piña con helado de queso, espuma de coco y frutas 156

T
Talo 112

Torrijas caramelizadas con helado de almendra,
    sopa de niño y burbujas de canela 153
Tortas de chachigorri 106
Trucha a la navarra 74

Z
Zurracapote 124